學習困難學生
閱讀理解概論

Janette K. Klingner

Sharon Vaughn ❖ 著

Alison Boardman

邱瓊慧 ❖ 譯

Teaching Reading Comprehension to Students with Learning Difficulties

Janette K. Klingner

Sharon Vaughn

Alison Boardman

作者簡介 **Ⓐbout the Authors**

珍妮特·克林納博士（**Janette K. Klingner, PhD**），美國科羅拉多大學博爾德分校副教授。在取得邁阿密大學的閱讀和學習障礙博士學位之前，她曾在加州和佛羅里達州擔任十年的雙語特殊教育教師。克林納博士是國家文化回應教育系統中心（National Center for Culturally Responsive Educational Systems, NCCRESt）的聯合首席研究員，該中心是為協助解決特殊教育中不同文化和語言的學生比例過高的技術支援中心；她目前是特殊教育人事研究中心（Center on Personnel Studies in Special Education）的研究員。直到目前為止，她已發表或與他人合著 49 篇期刊文章、9 本專書（其中一些為編輯）、14 篇專書章節。克林納博士的研究興趣包括：不同對象的閱讀理解策略教學、特殊教育中不同文化和語言的學生比例過高，以及特殊教育師資素質等議題。她曾擔任《教育研究回顧》（*Review of Educational Research*）的共同主編，以及《學習障礙期刊》（*Journal of Learning Disabilities*）的副主編。2004年，克林納博士獲得美國教育研究協會（American Educational Research Association）潛力新人傑出研究獎。

莎倫·沃恩博士（**Sharon Vaughn, PhD**），美國德州大學奧斯汀分校人類發展H. E. Hartfelder/Southland Corp. 的理事主席，並擔任《學習障礙期刊》主編和《學習障礙研究與實務》（*Learning Disabilities Research and Practice*）的共同主編。她獲得美國教育研究協會的特殊教育傑出研究獎，並撰寫了大量有關學習困難學生的閱讀和社會成就的書籍及研究論文。沃恩博士目前在教育科學研究所、國立兒童健康和人類發展協會，以及特殊教育計畫辦公室補助閱讀困難學生和英語學習學生的有效介入措施調查計畫等，擔任首席研究員或聯合首席研究員。

　　艾莉森‧博德曼博士（Alison Boardman, PhD），美國科羅拉多大學博爾德分校兼任教授，教授大學部和研究所的特殊教育和教育心理學。她與美國各地的學校和州政府相關部門合作規劃和實施有效的閱讀專業發展。博德曼博士也是美國德州大學奧斯汀分校閱讀和語文沃恩總中心的顧問，她在那裡參與課程發展、技術援助和閱讀困難學生的研究計畫。她的研究興趣包括：閱讀困難者、有效的專業發展，以及普通教育和特殊教育教師之間的合作，而她也在重要期刊中發表了有關這些主題的研究論文。博德曼博士也曾擔任多年的中小學特殊教育教師。

譯者簡介　Ⓐbout the Translator

邱瓊慧

學　　歷：日本上智大學教育學博士

專　　長：課程與教學、兒童文學、繪本教學、蒙特梭利教育、教育哲學

現　　任：國立臺北護理健康大學嬰幼兒保育系專任助理教授

專業資格：教育部核定幼兒園輔導計畫輔導人員

　　　　　教育部認定幼兒園專業認證人員

　　　　　台北市、新北市、基隆市幼兒園、托嬰中心評鑑委員

　　　　　台北市公辦民營托嬰中心訪視委員

　　　　　臺北市立聯合醫院人體試驗倫理委員會委員

　　　　　臺北市立聯合醫院人體生物資料庫倫理委員會委員

經　　歷：教育部「Bookstart 閱讀起步走」父母學習講座講師

　　　　　國立臺北護理健康大學師資培育中心專任助理教授

　　　　　國立臺北護理健康大學研發處產學合作組組長

　　　　　國立臺北護理健康大學學務處課外活動指導組組長

專書著作：邱瓊慧等合著（2008）。幼兒行為觀察與紀錄。台北市：五南。

繪本譯著：《尿尿是什麼》（維京國際）

《大口吃飯的秘密》（維京國際）

《衣服躲貓貓》（維京國際）

《降落傘男孩》（臺灣東方）

《弟弟不哭，ㄋㄟㄋㄟ來了》（臺灣東方）

作者序　　　　　　　　　　　　　　Ⓟreface

　　閱讀是毫不費力的——對那些閱讀這篇序言是如此的人來說，可能很難想像閱讀後卻無法理解、無法描述閱讀內容的困境。雖然，我們可能偶爾會因為遇到我們不熟悉的文本，或者我們不感興趣的文本，而導致理解度降低；但是我們很難想像，如果我們閱讀的「所有」材料都遇到這同樣的挑戰會是什麼感受。然而，我們都教過許多對閱讀內容缺乏理解的學生，並且都努力於提升這些學生閱讀和理解技巧的方法。

　　本書是為所有教導對理解和學習文本有困難的學生的教師而寫。我們期望，教師使用本書來幫助學生養成熱愛「想像世界」和學習文本，但這只有當學生真正理解他們所閱讀的內容時才可能發生。兒童自嬰幼兒期開始就喜歡聽成人唸書，以及喜歡討論自己認為接下來可能會發生什麼或是故事跟自己的生活有什麼關聯。在這嬰幼兒期階段，兒童獲得重要的策略並發展出有助於自己日後閱讀理解的能力。即使在小學低年級階段，學童正值學習如何識別單字和發展基本的閱讀技巧之時，教師也要關注學生的閱讀理解。當學生掌握了基本的閱讀技巧，教師則將重點轉移到幫助學生發展閱讀理解策略，和逐漸成為為了不同目的閱讀各種文本的成熟閱讀者。

　　本書所介紹的閱讀理解教學實務，提供了對「所有」學生有效的教學方法，當然也包括需要額外支持的學生在內。為提升包括學習障礙學生在內的所有學生的學業成就，在責任和壓力與日俱增的情況下，教師必須擁有更豐富的知識和熟練的技巧，以符應日益多元的學習者的多元需求。而且，在特殊教育的相關法令中，不斷要求在一般教育的情境中實施教學，因而導致教室中學生的異質性隨之增加。我們認為持續觀察低成就學生的成功，是教師們自我練習最佳教學的機會，進而達到提升所有學生學習成效的成果。

　　本書中，我們將焦點放在教導學習障礙和閱讀困難學生閱讀理解的方法上，而且要特別強調這些做法都已經獲得研究的支持。我們介紹了與閱讀理解相關的各個關鍵

領域的基礎知識，並提出教師可以如何應用在學生身上的具體實施策略。

本書章節架構

　　第一章，我們提供了閱讀理解做為學習領域之一的相關概述。本章也是後面評量和方法等章節的背景知識。我們整理了目前有效提升學習困難和學習障礙學生閱讀理解實務之相關研究。我們介紹了能力好的閱讀者和能力弱的閱讀者在閱讀理解上有何差異，以及能力好的閱讀者用來幫助自己理解的策略。我們討論一些學習障礙學生閱讀理解困難的可能原因，並說明了閱讀理解的認知歷程。

　　第二章，我們回顧不同的閱讀理解評量方法，以供教師作為診斷或進步監控之用。我們介紹了標準化測驗、課程本位評量、非正式閱讀評量、訪談和問卷、觀察、重述，以及放聲思考等方法。我們強調，知道不同的閱讀理解工具可以評量什麼、可以學到和不能學到什麼，以及每個方法的限制和優點的重要性。評量閱讀理解，最好的方式是不同閱讀理解工具的結合運用。

　　第三章，我們介紹加強字彙教學的方法。在單字的所有複雜性中理解字彙單字，是理解文本的重要基礎。與沒有學習障礙的同儕相比，許多有學習障礙的學生較缺乏豐富的字彙。然而，有許多因素造成字彙發展的不同速率。有些學習障礙學生患有影響字彙學習的一般性語言缺陷，有些學生則有記憶和（或）回想的問題。我們會介紹許多幫助學習障礙學生和其他有閱讀困難的閱讀者促進字彙學習的教學方法。

　　第四章，我們探討理解文本結構的重要性，並介紹多種教授敘事性和說明性文本結構的方法。雖然學習障礙學生和其他學生通常對不熟悉的文本不瞭解或感到困惑，但是明示教學可以幫助他們辨識各種文本結構，以及使用這方面的知識來幫助自己的閱讀理解。此原則可以適用於小學低年級到高中的不同年級的學生。

　　第五章，我們介紹促進閱讀理解的具體教學實務。我們根據通常在閱讀前、閱讀中和閱讀後的使用時機，有系統地介紹這些閱讀理解策略。閱讀前，教師應幫助學生活化、建立及使用自己的背景知識來連結文本，以及預測自己將會學到什麼。閱讀中，學生必須知道如何監控自己的理解，以及使用修復策略來幫助閱讀理解，並思考

正在閱讀的內容和先前的知識與經驗之間的連結。閱讀後,學生應該摘要閱讀內容的主要概念,並以各種方式回應閱讀教材。

最後,在第六章中,我們探討了多元策略教學法,包括交互教學法、交流式策略教學法和合作閱讀策略。透過在閱讀前、閱讀中和閱讀後的示範,明示教學,以及引導練習,讓學生學習運用每種方法的不同策略。每一種方法都包含同儕討論的核心要素。這些方法已被認為能有效提升學習障礙學生和其他學生的閱讀理解能力。

本書特色

本書包含了許多讓教育者容易使用的特色。在各章中,我們提供支持討論閱讀理解的相關研究的背景訊息。也介紹如何實施不同的教學方法,以及利用大量的圖表和列表來說明我們的方法。在特定的章節中,我們也提供教學計畫的示例供參考。最後,在每章開頭,會列出三個或四個學習重點,提示有關閱讀理解的反思和對話。本書的目的在幫助大學生和研究生擴展自己對於閱讀理解相關的閱讀教學知識,以及幫助在職教師提升專業知能。

本書做為學習指引

我們鼓勵你使用本書做為在學校裡的學習指引。無論你是正式學習小組的一員,或是想要開始組成自己的非正式學習小組,本書都可以做為引導你的教學的有效工具。就像提升學生成就的互動式閱讀理解教學實務一樣,我們相信,有機會獲得和學習小組成員討論及應用本書中做法及回饋的教育工作者,更有可能嘗試實施閱讀理解的實務以及持續地應用這些做法。

致謝

我們要感謝的人很多,但還是必須從中選擇幾位。珍妮特·克林納博士想要感謝兩位專家先進在閱讀理解方面的指導:已故的麥可·普雷斯利(Michael Pressley)以及安瑪麗·帕林薩(Annmarie Palincsar)。我第一次見到他們是在 1992 年,

當時我還是一個天真、求知若渴的博士生，在全國閱讀研討會（National Reading Conference）的年度會議裡遇見這兩位先進，並詢問他們是否願意擔任一個由學生發起的研究獎助計畫（我的論文）的顧問。兩位先進都欣然答應了，且多年來不吝提供自己的時間、專業知識和智慧。我不僅學到了許多關於閱讀理解的知識，同時也學到關於生活的知識。對於先進的指導，我銘謝於心。

　　莎倫‧沃恩博士要感謝伊莎貝爾‧貝克（Isabel Beck）和吉恩‧奧斯本（Jean Osborn）的大力協助。伊莎貝爾‧貝克是和我對談有關閱讀的人當中，最具洞察力和有趣的人。她對我的研究、我的想法和我的論述感到極大的興趣。她也非常大方地分享她所知道的──而且她知道的很多。她毫不遲疑地「導正我」，而且她總是正確的。吉恩‧奧斯本則是在過去九年和我密切合作發展專業教材。她精力充沛、投入、嚴謹且敏銳。她不厭其煩地精確潤飾文稿，讓我耗盡心神。她明白教師必須知道什麼和做些什麼以確保所有學生都能閱讀得好──那就是熱情。我完全無法用言語來形容我從她那裡所學到的有關教學、學習和關心他人等的一切。當然，我最感謝的是伊莎貝爾和吉恩能夠成為我的朋友。

　　我們都知道，如果學生缺乏從閱讀中學習的技巧，儘管學生擁有好奇心，也可能永遠不會有機會愛上閱讀。艾莉森‧博德曼博士要感謝這些缺乏從閱讀中學習的技巧的學生們（和他們的老師），他們不斷激勵我成為一位更好的教育者。我還要感謝和我合著本書的珍妮特‧克林納和莎倫‧沃恩，她們的專業知識和對閱讀領域的長期投入是鼓舞人心的。她們的回饋和支持，對我而言是非常寶貴的。

譯者序　

　　回想起接觸閱讀教學之初，得追溯於自日本留學回國後接觸到幼兒園教學的評鑑輔導經驗。2000 年，前教育部長曾志朗博士關注閱讀之重要性，並重視自幼培養閱讀習慣，因而推動閱讀運動，並致贈全國各幼兒園 101 本好書。後學因為教授兒童文學課程之故，對於應用兒童文學於幼兒園課程深感興趣，因此查閱了國外有關閱讀教學的相關文獻和資料，而開啟了後學閱讀教學之門。在查找文獻的過程中，發現本校圖書館新購入 *Teaching Reading Comprehension to Students with Learning Difficulties* 一書，於是立即借閱。在閱讀本書內容之後發現，本書雖然是為學習障礙學生所寫的閱讀教學，但是其中有許多的閱讀教學理論和閱讀教學技巧亦非常適用於一般學生，甚至可以應用在學前幼兒身上。

　　且閱讀教學在國外行之有年，已發展出許多有效的閱讀教學策略和閱讀理解技巧，然而在國內，閱讀教學卻多為特殊教育領域和語言教育領域之研究範疇，一般教育領域對於閱讀教學的接觸不多。因此，在國內推動閱讀教學之際，若能多一本閱讀理解教學之中文書籍，對於多數有志從事閱讀教學的教育實務工作者來說，實在是一大福音。

　　有鑑於此，後學希望能夠深入閱讀和翻譯本書，藉以方便更多教育實務工作者閱讀，並間接促進閱讀教學者之間的對話討論，因而主動向心理出版社林敬堯總編輯推薦本書。林總編輯評估本書之實用性與應用性之後，慨允同意向國外出版社接洽版權，並由後學主譯本書，實為感激。而後學在個人閱讀本書之餘，也能將之分享給更多閱讀教學的同好者，更激勵後學翻譯本書之動機。

　　本書網羅了閱讀理解教學的理論與實務，且設定教育實務工作者為主要閱讀與使用之對象為前提而撰寫，並提供各類閱讀理解教學實務的教學計畫示例，方便閱讀本書的一般教育教師和特殊教育教師能夠直接參考應用。翻譯本書使後學對於閱讀理解

的理論與實務有了更進一步的理解與釐清，實獲益良多。

　　後學本於忠實傳達作者的原意給國內的讀者，期望能夠原汁原味的翻譯，務期譯文能臻信、雅、達之境；但或因語文能力與文化差異之故，部分內容恐無法如願翻譯順暢，以至於造成閱讀不順之處，尚祈惠予見諒。後學不揣譾陋，匆匆脫稿付梓，遺漏舛錯之處在所難免，尚祈方家識者不吝指正。

　　本書得以付梓，衷心感謝心理出版社林總編輯的支持與包容，以及協助校稿的陳文玲編輯耐心與細心的校閱譯稿。

2015 春

邱瓊慧　謹誌

目 次   **C**ontents

CHAPTER 1

閱讀理解概論

1. 能力好的閱讀者和能力弱的閱讀者在談論閱讀內容時,會有何不同呢?你可以從學生對文本的反應,瞭解他們是否真的理解他們所閱讀的內容嗎?

2. 如果學習困難／障礙的學生有閱讀理解的問題,可能的解釋會是什麼?是否有其他影響閱讀理解的相關因素應該納入考量呢?

3. 學生的閱讀理解是很難被瞭解的,因為閱讀理解是在「腦內」運作,無法被直接觀察。為了進一步瞭解學生理解多少的閱讀內容,你可以怎麼做呢?

　　學生是如何學習理解他們所閱讀的呢？為什麼有些學生可以沉浸在閱讀中，進入新的世界、建構知識、增加字彙；而另一些學生則持續為閱讀所困，難以理解所讀的內容呢？身為閱讀困難和閱讀障礙學生的老師，對每年入學的新生都會再次產生這樣的疑問。少數我們教過的學習障礙學生不但能閱讀得很好，而且有很好的閱讀理解力。本章中，我們將概述閱讀理解及其相關的影響因素。

　　意義（meaning）、學習（learning）和樂趣（pleasure）是學習閱讀的終極目標。雖然一些基礎技巧，如拼音（phonics）和流暢度（fluency）是建構閱讀的重要基石，然而閱讀理解卻是「閱讀的必要條件」（Beck & McKeown, 1998）。如果學生不能從文本中建構意義，那麼知道如何識字也就不具有任何意義了。終究，閱讀理解是建構意義的歷程，這個歷程包括了識字（word reading）、單字（word）和世界知識（world knowledge），以及流暢度等複雜歷程的整合（Anderson, Hiebert, Scott, & Wilkinson, 1985; Jenkins, Larson, & Fleischer, 1983; O'Shea, Sindelar, & O'Shea, 1987）。

　　在過去幾年裡，閱讀障礙學生的音韻覺識（phonological awareness）和解碼技巧（decoding skills）被認為是影響成功閱讀的重要因素（Ball & Blachman, 1991; O'Connor & Jenkins, 1995; Vellutino & Scanlon, 1987）。儘管沒有太多人質疑這些基礎技巧的困難度會阻礙許多學生成功閱讀的發展，但是對許多學習障礙學生來說，即使他們可以充分地解碼，仍然有明顯的理解文本和學習文本的困難（Williams, 1998, 2000）。就像閱讀理解的高度結構化教學一樣，初階閱讀技巧明確且高結構化的發展也是必要的（Gersten & Carnine, 1986; Gersten, Fuchs, Williams, & Baker, 2001）。

　　在一項指標性的閱讀研究中，Durkin（1978-1979）進行一項閱讀理解教學的觀察研究。她指出，典型的閱讀理解教學並不有趣或可能無法提升閱讀理解。她將閱讀理解教學歸結為三個階段：示範（mentioning）、練習（practicing）與評量（assessing）。也就是說，教師先示範希望學生使用的技巧；然後，讓學生做作業或練習卷來練習運用該項技巧；最後，評量學生是否能有效地運用該項技巧。很明顯地，並沒有進行教學。且相較於閱讀理解教學的品質，或許更應該關注到閱讀教學觀察的缺乏。從對四年級教室超過 4,000 分鐘的閱讀教學觀察

記錄中發現，其中僅有 20 分鐘花在閱讀理解教學上。這項研究深刻地影響了閱讀理解的相關研究（Dole, Duffy, Roehler, & Pearson, 1991）。然而，後續的觀察研究發現在課堂實務的影響不大（Pressley & ElDinary, 1997; Schumm, Moody, & Vaughn, 2000; Vaughn, Moody, & Schumm, 1998）。

為了提升閱讀理解教學，已有一些理論提出影響瞭解閱讀理解教學的方法，如：基模理論（schema theory）、讀者反應理論（reader-response theory），以及直接教學法（direct instruction）。這些具影響力的理論的概要說明，提供了解釋閱讀理解相關教學實務的背景知識，在本書其他章節有更詳盡的介紹。

基模理論認為，對一個主題（topic）或概念（construct）的瞭解，會影響我們在閱讀一個描繪主題的段落時，能夠學到或將學到的內容的多寡（Anderson & Pearson, 1984）。因此，我們所擁有與閱讀文本中的關鍵概念（key ideas）有關的知識與經驗，會影響我們學習和記憶所閱讀的內容。世界知識及字義（word meaning）會影響我們的理解程度。我們讀到和學到越多關於主題的內容，越容易瞭解該主題下一個段落的內容。

就讀者反應建構主義的觀點（Beach, 1993）而言，理解所閱讀的內容，是與個人的經驗以及對這些經驗的解讀有關。這個主觀因素形成讀者與文本之間的動態互動關係。因此，讀者學到什麼、或他們如何回應文本都是個人化的（individualistic）。教師和同儕能夠促進與其他閱讀者的互動，以深化和擴展學習。

直接教學法已經被認為可以提升學習障礙學生在閱讀理解上的成就（Darch & Kame'enui, 1987; Lloyd, Cullinan, Heins, & Epstein, 1980; Polloway, Epstein, Polloway, Patton, & Ball, 1986; Stein & Goldman, 1980）。直接教學法提供關於提升閱讀理解的關鍵概念的更加明確和系統化的教學方法。例如，由於字義會影響對文本的理解，直接教學法即要求教師須事先確認文章中的關鍵字，並在閱讀前先教導學生瞭解這些關鍵字的意義。

不同閱讀能力的閱讀者在閱讀理解上的差異

　　許多針對閱讀能力弱的閱讀者的教學實務建議，是衍生自觀察（observing）、提問（questioning），以及要求閱讀能力好和能力弱的閱讀者在閱讀時「放聲思考」（think-aloud）（Dole et al., 1991; Heilman, Blair, & Rupley, 1998; Jiménez, Garcia, & Pearson, 1995, 1996）。有關閱讀能力好的閱讀者如何理解和從文本中學習的研究報告指出，能力好的閱讀者會協調一套極為複雜和發展完整的技巧與策略，來幫助自己在閱讀前、閱讀中，以及閱讀後理解和記憶閱讀的內容（Paris, Wasik, & Tumer, 1991）。也許，描繪閱讀能力好的閱讀者最簡單的說法，就是他們比閱讀能力弱的閱讀者較具有策略性（Paris, Lipson, & Wixson, 1983）。這些閱讀策略包括：

- 快速而正確地識字。
- 設定閱讀目標。
- 注意文本的結構與組織。
- 閱讀時監控自己的理解。
- 在心裡記筆記和摘要。
- 預測後續的發展，並持續檢視確認，且在必要時修正和評估。
- 善用對主題的所知，連結新的學習。
- 推論。
- 運用視覺化的心像來幫助自己記憶或理解文本中的事件或角色。

此外，相較於閱讀困難的閱讀者，能力好的雙語閱讀者能將他們的翻譯技巧、同源詞（cognates）的知識，以及轉換跨語言之間訊息的能力運用到極大化的程度（Jiménez et al., 1996）。這些策略似乎是雙語閱讀所特有的。

　　相較於能力好的閱讀者會運用整合性與策略性的方法來理解文本，能力弱的閱讀者則較少使用有效的策略來理解和記憶閱讀的內容（Pressley &

Afflerbach, 1995）。能力弱的閱讀者通常對閱讀比較沒有興趣、動機也偏低；如果真的要在閱讀前有所準備，他們也只花很少的工夫；他們較少使用後設認知（metacognitive）策略來監控從文本中的學習；而且，由於字彙與背景知識的不足，他們也無法將新概念和過去的學習連結。此外，不同於能力好的閱讀者，能力弱的閱讀者缺乏活化認知功能的解碼、識字，以及流暢度的技巧，以便讓他們所有的注意力可以聚焦於透過閱讀的學習上。

有學習障礙的學生通常是能力最弱的閱讀者；他們顯現出許多與低理解有關的多面向問題，如：較弱的解碼能力、流暢度和理解力。這些學生通常呈現出不積極的學習者的特質（Torgesen & Licht, 1983），如：不會監控自己的學習或有效地運用策略。然而，學習障礙學生是能夠提升自己的閱讀理解的，如果老師：

1. 教導已被明確證明是有效提升閱讀理解的策略。
2. 設計結合直接教學法和策略教學法的有效性原則的教學活動。
3. 提供示範、支持、引導式教學（guided instruction）、練習、歸因回饋（attributional feedback），以及練習跨文本類型的機會。
4. 監控學生的進步情形，並相應地調整教學（Mastropieri & Scruggs, 1997）。

許多被認為對學習障礙學生有高度效果的閱讀理解策略，都是教導學生在閱讀前、閱讀中和閱讀後提醒自我監控和反思的策略。這些策略要求學生：(1) 思考自己正在閱讀的主題的背景知識；(2) 摘要關鍵概念；(3) 閱讀時自我提問（如：Gersten et al., 2001; Jenkins, Heliotis, Stein, & Haynes, 1987; Mastropieri, Scruggs, Bakken, & Whedon, 1996; Swanson, 1999; Wong & Jones, 1982）（詳見圖 1.1）。

　　直接教學法、策略教學法或兩者的結合，都被認為對提升學習障礙學生的閱讀理解有高度的效果。直接教學法與策略教學法兩者均包含下列共同要素：

1. 學習目標的評量與評估（assessment and evaluation），包括引導學生朝學習目標前進。
2. 每天複習教過的教材以確認熟練。
3. 教師演示新的教材，包括提供範例和示範學生必須做的事情。
4. 引導式教學，包括提問，以判定學生理解狀況。
5. 回饋與修正。
6. 獨立的練習與複習。

　　最有效提升閱讀理解的教學要素包括：

1. 教師與學生的問題討論。
2. 教師與學生之間，以及學生與學生之間的互動對話。
3. 作業難易度的控制和鷹架教學（scaffolding instruction）。
4. 由教師訂定步驟或策略，並示範說明。
5. 小組教學。
6. 利用提示來幫助學生使用和應用所學。

圖 1.1　閱讀理解的關鍵概念。引自 Swanson 及其學習小組成員們的研究（Swanson, 1999, 2001; Swanson, Hoskyn, & Lee, 1999）

拼音、流暢度及字彙等基礎技巧對閱讀理解的影響

　　學習障礙學生可能會出現解碼、流暢度（迅速且正確地識字）和字彙上的困難。這三項的其中任一項有困難的話，都會干擾閱讀理解。會造成干擾的原因之一是閱讀者對一項作業，僅有有限的短期認知或思考的能力。如果在解碼上耗費過多的精力，那麼能專注在理解上的能量也就相對受限。

　　馬拉、拉提西亞和喬治是六年級學生，因為有嚴重的理解文本的問題，被鑑定為學習障礙。馬拉有閱讀多音節單字（multisyllabic words）的困難，而且會搞

混一些基本的常見字，如：from（從）、where（哪裡）、laugh（笑）等。雖然馬拉在解碼上有困難，但是馬拉對於社會正義有關的議題非常感興趣，並會主動地閱讀和學習。馬拉在單字解碼上的困難導致她的閱讀速度變慢，為了要讀懂內容，她經常需要慢慢地閱讀和重複閱讀。但是，當馬拉在閱讀前先複習和學習關鍵字的話，文本的閱讀就會隨之改善。而拉提西亞雖然是準確識字的閱讀者，但閱讀速度卻極為緩慢（大約每分鐘可正確閱讀 60 個字）。閱讀速度緩慢對她的閱讀理解產生了負面影響，並導致無法廣泛地閱讀。喬治則是只要是熟悉的單字都可以快速地閱讀；但喬治的問題在於，他不認得科學及社會教科書說明文本裡許多單字的意義。由於喬治不喜歡閱讀，他也就很少閱讀，因此對於新的單字和概念的認知非常有限。喬治非常有限的字彙與世界知識，阻礙了他充分理解所閱讀的內容；因為他既缺乏足夠的背景知識，也不瞭解許多單字的意義，導致概略性的全面理解閱讀內容變得困難。

馬拉、拉提西亞和喬治的例子，讓我們瞭解到許多學習障礙學生閱讀理解的困難，以及說明了教導關鍵性基礎技巧的價值，這些基礎技巧包括識字（解碼）、流暢度（閱讀的速度與正確性）、字彙（知道上下文中單字的意義），以及世界知識（具備足夠的背景知識，以從閱讀文本中受益）等。許多學習障礙學生都有超過一個以上影響文本理解的基礎技巧的問題。對有助於閱讀理解的各項要素有所認知的教師，較可能在評量學生的閱讀理解困難度和實施標的教學（targeted instruction）時考量這些要素。

高年級學生識字（解碼）能力不佳時，教師該怎麼做？

知道如何閱讀或解碼單字，並非閱讀過程中的一個小部分──它是關鍵的環節，缺少它就會影響理解。當學生要開始閱讀時，學生可能會覺得 saw（看過）、them（他們）、their（他們的）等這樣的單字是困難的。而當學生透過閱讀有所進步時，困擾他們的單字可能會是 challenge（挑戰）、fascinate（神魂顛倒），以及 immune（免疫）等。閱讀前的目標在於，找出學生可能有解碼困難的關鍵字並予以教導，以使學生能夠讀這些單字，以及在討論和寫作表達時使用

這些單字。然而，學習障礙學生要達成這個目標並不是一件容易的事。

　　教師可以透過教導閱讀更多基礎單字所需的解碼技巧來提供協助。學生會閱讀基礎單字，和學會單字解碼的基礎拼音原則之後，教師就必須教導更複雜或多音節單字的解碼技巧。促進高年級學生解碼能力的一些方法包括下列幾項：

- 練習非常複雜或多音節單字的解碼。將這些單字以音節劃分，然後將各個音節視為單一的單字進行解碼。
- 請學生找出他們不會的單字。將這些單字整理成「單字庫」或「單字牆」，並使用這些單字來進行解碼教學活動。
- 教導學生解碼的一般性原則，以及提醒他們在閱讀多音節單字時運用這些原則。並使用文本中的關鍵字來複習這些原則。以 reduction（減少）為例，教導學生可將這個字分成 re、duc 與 tion 三個部分。運用學生已經瞭解的解碼原則和目前會讀的單字，來協助學生將每個單字解碼成幾個部分，然後再閱讀整個單字。
- 教導學生常用字首（prefix）、字尾（suffix）以及詞綴（affixes），以利閱讀多音節單字時會更容易和更具意義。
- 說明部分單字是「不規則的」，並不符合語言中的典型規則。將學生必須練習的不規則單字彙整在單字牆上。
- 列出一般較難閱讀的專有名詞，如：人名、地名以及物品的名稱。在閱讀前，先瞭解這些名詞在章節中所指為何，並連結這些名詞，使學生瞭解故事的角色、發生的地點和其他的相關議題，以增進識字及理解能力。

　　Beck（2006）的多音節單字策略對高年級的閱讀者極為合適。透過從三欄的每一欄中選擇音節來建構多音節單字，可以讓學生學習如何閱讀和記住困難的單字。例如，學生可以在第一欄列舉八個音節，在第二欄列舉八個音節，在第三欄列舉八個音節，然後以此來理解如何選擇及組合這些音節構成複雜的單字。舉例來說，音節 fre、quent 和 ly 可以組成 frequently。音節 in、fec 和 tion 則組成 infection。圖 1.2 是解碼教學的教學資源清單。

●《建構單字：字詞分析與拼字策略指導資源手冊》（*Building Words: A Resource Manual for Teaching Word Analysis and Spelling Strategies* [2001] by T. G. Gunning. Boston: Allyn & Bacon）。

●《瞭解自然發音法的意義：方法和原因》（*Making Sense of Phonics: The Hows and Whys* [2006] by I. L. Beck. New York: Guilford Press）。

●《從 A 到 Z 的自然發音法：實務指導》（二版）（*Phonics from A to Z: A Practical Guide* [2nd ed.] [2006] by W. Blevins. New York: Scholastic Professional Books）。

●《常用的自然發音法：閱讀與寫作必備的單字》（*Phonics They Use: Words for Reading and Writing* [2004] by P. Cunningham. New York: Longman）。

●《單字之旅：評量取向的自然發音法、拼字及字彙教學》（*Word Journeys: Assessment-Guided Phonics, Spelling, and Vocabulary Instruction* [2000] by K. Ganske. New York: Guilford Press）。

●《識字之道：自然發音法字彙與拼音教學的單字學習》（三版）（*Words Their Way: Word Study for Phonics, Vocabulary, and Spelling Instruction* [3rd ed.] [2003] by D. R. Bear, M. Invernizzi, S. R. Templeton, & F. Johnston. Upper Saddle River, NJ: Prentice Hall）。

●《識字覺知教學：學習困難學生的有效策略》（*Teaching Word Recognition: Effective Strategies for Students with Learning Difficulties* [2007] by R. E. O'Connor. New York: Guilford Press）。

圖 1.2　解碼教學資源

學生閱讀流暢度不佳時，教師該怎麼做？

　　快速且正確地閱讀單字可以讓學生「活化」思考，所以學生得以專注在文本的意義上（Perfetti, 1985; Perfetti & Lesgold, 1977）。閱讀速度緩慢之所以成為問題，其因有二：(1) 閱讀緩慢阻礙學生充分閱讀文本，而無法趕上班級進度；以及 (2) 閱讀緩慢妨礙學生充分地記住閱讀的內容。可想而知，非常緩慢和不流暢的閱讀是多麼讓學生感到沮喪，且降低他們從文字中閱讀與學習的興趣。

　　學生應該要讀得多快？對中年級學生來說，如果要達到平均水準，必須每分鐘正確地閱讀 100 到 150 字（Hasbrouck & Tindal, 1992）。要達到這個目標，學生必須知道如何沒有太多停頓解碼而自動識字。

　　教師可以透過教導為了理解而閱讀時所需的流暢度技巧來幫助學生。而增進流暢度的一些具體要點包括：

● 透過要求學生閱讀該年級程度的短文，來監控學生的閱讀進步情形。計算每分鐘正確閱讀的單字。請學生繪製結果圖表來檢視進步情形。
● 請學生重讀有困難的段落。
● 請學生和同儕一起閱讀和重讀段落。
● 在要求學生閱讀文本之前，先找出關鍵字和專有名詞，並教導這些關鍵字和專有名詞。
● 讓學生在自己閱讀前，先聽書籍或文本的錄音帶，以增進閱讀的流暢度。
● 請學生準備一段文章或對話朗讀給全班聽，讓學生有機會展現自己的閱讀成果。事前的準備讓學生有時間閱讀和複習教材──這是一個有效提升流暢度的練習。
● 在閱讀前，先教導較難閱讀的人名、地名，以及事物的名稱。

　　圖 1.3 為閱讀流暢度的教學資源。

同儕協助學習策略──閱讀（Peer-Assisted Learning Strategies － Reading, PALS）
（班級同儕輔導）

聯絡人：PALS 延伸服務（PALS Outreach）

地　　址：Vanderbilt University
　　　　　Peabody Box 328
　　　　　230 Appleton Place
　　　　　Nashville, TN 37203-5701

網　　址：kc.vanderbilt.edu/pals

（續）

圖 1.3　閱讀流暢度的教學資源

自然閱讀（Read Naturally）

聯絡人：Read Naturally

地　址：750 South Plaza Drive, #100
　　　　Saint Paul, MN 55120

網　址：www.readnaturally.com

大躍進（Great Leaps）

聯絡人：Diamuid, Inc.

地　址：Box 357580
　　　　Gainesville, FL 32636

網　址：www.greatleaps.com

一年級 PALS（同儕協助讀寫策略）（First Grade PALS [Peer-Assisted Literacy Strategies]）

聯絡人：Sopris West

地　址：4093 Specialty Place
　　　　Longwood, CO 80504-5400

網　址：www.sopriswest.com

快速閱讀：以研究為基礎的流暢度課程（Quick Reads: A Research-Based Fluency Program）

聯絡人：Modern Curriculum Press

地　址：299 Jefferson Road
　　　　Parsippany, NJ 07054

網　址：www.pearsonlearning.com

圖 1.3　閱讀流暢度的教學資源（續）

閱讀理解的相關因素

　　閱讀理解涵蓋的層面不僅只有閱讀者對文本的反應。閱讀理解是一個具有多要素且高度複雜的歷程。這個高度複雜的歷程包括閱讀者和他們帶到文本的內容（先備知識、閱讀策略的運用）之間的許多互動，也包含與文本本身有關的其他因素（對文本的興趣、對文本類型的理解）。

認知歷程（**Cognitive Processes**）

　　當我們理解我們所閱讀內容時，實際上究竟是怎麼一回事？Irwin（1991）提出五個基本的理解歷程，這些歷程同時運作且彼此互補：微觀歷程（microprocesses）、整合歷程（integrative processes）、巨觀歷程（macroprocesses）、精讀歷程（elaborative processes），以及後設認知歷程（metacognitive processes），將一一詳細說明如後（亦請見圖 1.4）。在這些不同認知歷程的閱讀中，請注意閱讀者是流暢地使用這些不同的策略，例如：用微觀歷程來回反覆閱讀文本的某一特定組塊（chunks），或用後設認知歷程回顧並反思已閱讀的內容。

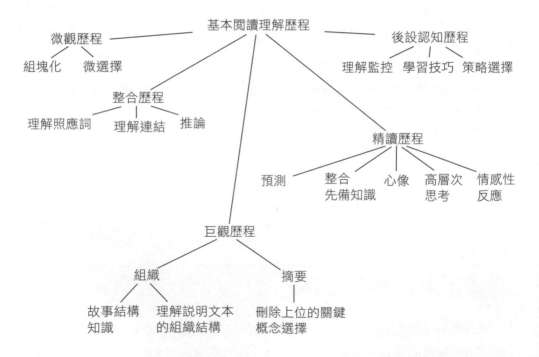

圖 1.4　Irwin 的五個基本閱讀理解歷程。引自 Irwin（1991）。Copyright 1991 by Pearson Education

微觀歷程

微觀歷程是指閱讀者對單一句子中概念單位（idea units）的初始組塊化。「組塊化」（chunking）包含把單字分組成帶有意義的片語或單字的集群，以及和字彙一樣，需要對句法（syntax）的理解。以下列句子為例：

蜜雪兒將黃色玫瑰花放在花瓶中。

（Michelle put the yellow roses in a vase.）

閱讀者並不是分別看到「黃色」和「玫瑰花」，而是立即聯想到玫瑰花是黃色的。能力好的閱讀者會將「黃色玫瑰花」一起理解。

選擇性回憶是微觀歷程的另一個面向。閱讀者須決定文本的哪一個組塊或哪些內容是記憶的重點。當只閱讀一個句子時，相對的較容易回憶內容，但在閱讀長篇段落之後，回憶就較為困難。例如，閱讀者之後可能會、也可能不會記得玫瑰花是黃色的。在某種程度上，是否記得這些內容，將取決於其在段落中的意義。換句話說，玫瑰花是黃色的，這是否為故事的重點？或者只是一個不重要的內容？

整合歷程

當閱讀者透過閱讀一句句單一的句子而有所進步時，他（她）正在處理句子裡多個個別意義單位（individual meaning units）。他（她）同時也在積極地進行跨句子間的連結。理解（understanding）和推論（inferring）各子句（clauses）關係的這一歷程，被稱為整合歷程。整合歷程的次技巧包括：能夠辨識和理解代名詞所指稱的對象，以及能夠推論因果（causation）和先後（sequence）關係。以下兩個句子說明如何應用這些次技巧：

麥可很快地鎖上門，並關上窗子。

（Michael quickly locked the door and shut the windows.）

他很害怕。

（He was afraid.）

句子中的「他」指的是誰？能力好的閱讀者似乎可以很快地知道：第二個句子的「他」，指的就是第一個句子的「麥可」。同時，能力好的閱讀者也可以推論出：麥可鎖上門和關上窗子，是「因為」他很害怕。

巨觀歷程

當閱讀者能夠以連貫（coherent）的方式組織各個概念時，則較能理解和容易記住這些概念。閱讀者透過摘要曾經閱讀過的關鍵概念來組織概念。他（她）會自動或故意（即，潛意識或有意識地）選擇記住最重要的訊息，而刪除相對較不重要的內容。技巧好的閱讀者也會使用架構性或組織性的模式，來幫助自己組織這些重要的概念。更熟練的理解者則知道運用與作者一樣的組織模式，來組織自己的概念（例如，包含敘事文本裡的角色和背景／問題／解決方法等的故事地圖 [story map]，或說明性文本的比較和對照的文本結構 [text structure]）。

精讀歷程

當我們閱讀時，會使用既有的先備知識，來推論文本中沒有明確描述的地方。我們所做的推論，可能會、也可能不會與作者的原意一致。例如，在前面提到關於麥可的兩個句子裡，我們並不知道他為什麼會害怕。但是，我們可以預測：可能他擔心有人跟蹤他回家，或是可能暴風雨快要來了，他擔心會有強風。做這些推論時，我們可能是根據前面文本中提供的訊息，或是根據我們自己過去的經驗（例如，可能閱讀者曾有過被人尾隨跟蹤，故而快速進屋並立刻關窗和鎖門的經驗）。這個歷程被稱為精讀歷程。

後設認知歷程

後設認知的重要性，即，思考有關思考的問題。後設認知是閱讀者對認知歷程有意識的覺知或控制。閱讀者所使用的後設認知歷程包含：理解監控、選擇記

憶項目，以及調節閱讀時使用的策略。閱讀者所使用的後設認知策略包含：練習（rehearsing，亦即，重複訊息以促進回想 [recall]）、複習（reviewing）、將段落裡重要的單字或地方劃線、記筆記（note taking），以及確認理解（checking understanding）。

結語

　　本書中，我們概述可用來提升學習困難和學習障礙學生閱讀理解成效的相關教學實務與評量。本書是為對評量和輔導有閱讀困難危機的學生感興趣的一般教育和特殊教育教師們所寫。我們從學習障礙學生的閱讀理解研究的領域中，摘要出最新的研究成果。我們知道閱讀理解是一個建構意義的複雜歷程——透過調節（coordinating）與解碼、識字、流暢度等相關的多種技巧（Jenkins, Larson, & Fleischer, 1983; O'Shea, Sindelar, & O'Shea, 1987），以及背景知識、字彙和先備經驗的整合（Anderson et al., 1985）。最值得注意的是，「閱讀理解，是一個對於閱讀者自己的個人態度、興趣和期待的積極歷程」（Irwin, 1991, p. 7）。

CHAPTER 2

閱讀理解評量

學習重點

1. 閱讀本章之前，想想你已經知道的有關評量學生閱讀理解的方法。你使用了哪些不同的測驗或程序呢？問問學習小組成員們目前是如何評量閱讀理解的。

2. 閱讀本章時，想想你已經實施過哪些評量程序來評量學生。你目前所使用的程序是否有區分不同的閱讀理解程度呢？這些方法都能準確地描繪出學生的閱讀理解嗎？

3. 閱讀本章之後，和學習小組成員們討論你學到了哪些評量學生閱讀理解的不同方法。哪些閱讀理解評量測驗或程序，是你可能會想要再增加的？為什麼呢？

老師　：當我請你們閱讀這個段落時，你們做的第一件事是什麼？

學生1：我在猜這是有關什麼的內容？我在預測。我先讀標題，然後才開始讀內容。有時，我會看圖片來幫助預測，還有標題、地圖和其他的東西來幫助預測。（閱讀）「大約25年前，伐木公司開始在婆羅洲砍伐雨林的樹木。伐木者稱這些樹為『綠色黃金』，因為這些樹非常值錢。他們砍伐樹木，做成紙張、筷子和其他產品。」

老師　：你們想到什麼呢？

學生1：砍伐那些樹的人很自私，因為他們認為只要砍伐樹木，就可以賺到很多的錢。他們砍伐那些樹木來製成木材、紙張、筷子，以及「焚木」和其他殺死樹木的事情。

老師　：還有別的嗎？

學生1：那些人完全不在乎他們正在摧毀雨林，他們要的只是錢，他們不在乎住在那裡的人，他們只想要得到樹木。（閱讀）「那些人是本南人。他們住在婆羅洲的一個古老雨林中——靠近亞洲的一個島嶼。他們靠著種植水果、堅果和根莖植物，以及狩獵維生。本南人的生活方式正隨著熱帶雨林遭到摧毀。『當我聽到推土機和電鋸的聲音時，我好想哭，』本南族的領導人Juwin Lihan說。」

老師　：你們覺得呢？

學生2：他們在說他們不喜歡推土機、電鋸或其他任何亂砍濫伐樹木的聲音；他們要求停止砍伐樹木，但是並沒有因此停止，而且伐木公司也不願意停止。大多數的熱帶雨林將要被毀滅。他們將殺害所有生活在那裡的動物、逼迫牠們離開棲息地，而且他們也可能將會害死成千上萬隻像小灰狼這樣瀕臨絕種的動物。我不知道犀牛和其他動物是否也瀕臨絕種。

老師　：當你不懂第一次看到的單字或概念時，你會怎麼辦？

學生2：我會用我們在合作閱讀策略中用過的「咚」策略（clunk

strategies）。一開始，我們只讀句子而不讀單字；然後，我們再讀句子裡「咚」（不懂的地方）的前後句子，來尋找線索。我們找出字首和字尾。最後，我們將單字拆成較小的部件來幫助我們瞭解字義是……

——摘錄自兩位四年級學習障礙學生對「提示放聲思考」
的回應（Klingner et al., 2004；詳見附錄 2.1）

本章中，我們將探討如何評量學習障礙（learning disabilities, LD）學生的閱讀理解。評量閱讀理解是充滿挑戰的，因為要確定有多少學生真正瞭解以及學生實際在想什麼都是很困難的（就像我們在前面的例子中所嘗試過的）。傳統的評量方法往往側重於直接回想或字面理解，但還有更多比這些更需要被理解的東西。

閱讀理解的評量有不同的目的。其中一個目的是，和常模樣本中的學生比較學生的閱讀理解程度；另一個目的是，瞭解學生是否已達到該年級所設定的程度；第三個目的則是，透過確認學生何時開始瞭解所閱讀的內容，以及如何有效地使用閱讀理解策略，來調整教學。同樣地，另一個重要的目的就是瞭解學生閱讀困難的原因。教師必須善於蒐集評量資料，才能夠規劃要教什麼、如何教，以及何時教（Haager & Klingner, 2005）。教師（或其他施測者）所使用的評量材料和活動的類型，應該取決於評量的目的。如果我們知道我們需要什麼類型的訊息，我們就可以決定要追蹤哪些歷程。如 Salvia 和 Ysseldyke 所言，我們不應該談論評量，除非我們談論「評量的目的是為了……」（2001, p. 5）。

在本章中，我們首先探討傳統評量閱讀理解方法的限制。然後，再說明各種傳統的和創新的閱讀理解評量方法，包括標準化常模參照測驗（standardized norm-referenced tests）、效標參照測驗（criterion-referenced tests, CRTs）、非正式閱讀評量（informal reading inventories, IRIs）、課程本位評量（curriculum-based assessment, CBA）、課程本位測量（curriculum-based measurement, CBM）、訪談（interviews）和問卷調查（questionnaires）、軼事記錄（anecdotal records）和觀察（observations）、口頭重述（oral retelling），以及放聲思考法（think-aloud procedures）（例如本章一開始所描述的）。我們探討了每一種方

法的目的、如何應用，和各自的優缺點。在本章最後，我們以一份提供教師評量
自我閱讀教學的檢核表結束本章。

傳統閱讀理解評量方法的限制

　　傳統閱讀理解的測量方法是有所限制的，因為它們只提供學生理解多少文本
的一般性指標，而非以能力好的閱讀者是如何理解文本的專業知識為基礎。一般
認為，能力好的閱讀者會用舊經驗連結新的文本，解釋、評估、綜合和思考所讀
內容的其他解釋（Pressley & Afflerbach, 1995）。能力好的閱讀者能夠監控自己
的理解，以及在企圖理解文本意義時使用所有可用的訊息（Baker, 2002; Flavell,
1979; Mokhtari & Reichard, 2002; Pressley, 2000）。閱讀者對文本的回應相當個
別化（Rosenblatt, 1983），且因許多的因素而不同，包括（但不限於）興趣、背
景知識、閱讀目的和文本特性等。

　　儘管閱讀被視為是一種互動的、反思的歷程，但是閱讀理解測量卻往往把重
點放在回想上，做為學生閱讀理解的主要指標（Applegate, Quinn, & Applegate,
2002）。閱讀理解通常是透過要求學生閱讀短文，然後回答選擇題或簡答題的
問題，或透過使用填空題（cloze task）（即要求學生填寫省略了單字的空格；
Irwin, 1991）來測量。這些傳統的閱讀理解測量只提供一個學生對文本理解多少
的基本指標，而關於學生如何使用認知和後設認知歷程的訊息卻相當有限。簡單
來說，傳統的閱讀理解測量並沒有解釋**為什麼**學生有閱讀困難，也沒有幫助我們
發現和診斷明確的閱讀理解問題。正如 Snow（2002）直言不諱所指出的：「廣
泛被使用的閱讀理解評量是不適切的」（p. 52）。顯然地，需要更好的標準化測
量和不以標準化工具評量閱讀理解各個面向的創新方法（Kamhi, 1997）。教師
應該要熟悉各種評量方法。我們在表 2.1 列出常用的測量方法的限制，以及改善
評量過程的最佳做法。

　　總之，大多數閱讀理解測量欠缺從測量所得的訊息與閱讀教學之間的連結。
我們從大多數閱讀理解測量得知的是學生如何理解，而不是什麼樣的教學可能提
升學生的閱讀理解。我們將在下一節探討不同的評量工具。

表 2.1　常用閱讀理解測量的限制和最佳的實施

常用閱讀理解測量的缺點	最佳的評量實施
● 非以現代閱讀理解理論為基礎。 ● 非基於對閱讀理解的發展歷程或教學成果的瞭解。 ● 傾向於單一面向或過於狹隘。	● 反思真實性結果。 ● 進一步反思閱讀理解動態的、發展性的本質。 ● 提供個別學生在多樣化目的的活動，以及在多種文本和文本類型的活動中如何表現的相關訊息。
● 傾向於立即性的回想，無法掌握閱讀理解的複雜性。 ● 將閱讀理解和字彙、背景知識、識字能力，以及其他閱讀技巧和能力混為一談或混淆。	● 辨識出閱讀理解力弱的學生，以及閱讀理解力弱的類型為何。 ● 掌握與閱讀者、活動、文本和內容等面向之間的互動。
● 沒有提供評估或規劃目標時所需的有效訊息。 ● 缺乏足夠的信度和效度。	● 引導教學（提供規劃目標時，關於優缺點的有效訊息）。 ● 適用於個人、社會、語言、文化差異等多面向。

註：改編自 Snow（2002）。Copyright 2002 by the RAND Corporation

閱讀理解測量工具

目前已有一些被廣泛使用的評量工具和方法（參照表 2.2）。為學習障礙學生選擇測驗或評量方法時，最重要的是選擇最能符應使用者需求或目的的方法。現有閱讀理解評量的使用範疇多為對照常模來評量學生的閱讀理解、瞭解學生的一般優勢和弱勢之處、瞭解學生的閱讀程度，以及幫助想瞭解評量閱讀理解介入成效的教師、研究者和其他人。例如，比較同年齡或同年級學生的分數時，需使用常模測驗；想要瞭解學生在閱讀時做些什麼，則需使用包含朗讀在內的個別測驗。欲瞭解更多的閱讀評量，請參考 Rathvon（2004）。

表 2.2　各類閱讀理解評量一覽表

類型	說明
常模參照測驗	標準化條件下（如：電腦答題、限時）施測的已出版測驗；對照常模樣本分數比較學生的測驗分數。
效標參照測驗	學生的測驗分數與預訂的技巧或內容的熟練程度標準相比較；非正式閱讀評量就是一種效標參照測驗。
課程本位評量	以教室內實際實施的課程為本的測驗，定期評量學生和監控學生的進步情形。
課程本位測量	經常地使用標準化、簡短的測驗來評量學生；持續監控分數以評量學生的進步情形。
訪談和問卷調查	學生以口語或書面回答問卷題項，評量學生在閱讀過程中的理解以及學生的閱讀策略的知識。
觀察	施測者使用檢核表、軼事記錄，或民族誌筆記來觀察學生的閱讀行為。
重述	要求學生重述或重新建構他們所記得的剛閱讀過的內容。
放聲思考	要求學生在閱讀前、閱讀中和閱讀後，用聲音表達想法。

選擇測驗或評量方法時，教師應該考量更多的因素：

1. 測驗的目的（篩選、監控進步情形、評量閱讀程度、研究，或評量跟同儕相比較的學生能力）。
2. 需要有關學生閱讀理解的特定訊息（做錯的問題類型、程度）。
3. 施測學生的人數多寡（即個別、小組或全班）。
4. 測驗時間的長度（例如，時間較短的測驗較容易施測也對學生較無壓力，但可能沒有足夠的問題或題型足以充分提供學生表現的相同訊息）。
5. 個別施測或團體施測。
6. 測驗的版本數量，在多次施測時尤其需要（如：許多常模參照測驗有甲乙兩式，以便讓測驗可以有效評量學生的進步情形，例如使用甲式進行前測，再用乙式進行後測）。
7. 對常模參照測驗來說，常模樣本的程度要與該測驗的施測對象學生相同。

8. 施測者的能力（例如：測驗人員是否具備特定測驗的施測技巧）。

9. 施測訓練的內容必須包含測驗的實施、計分和分析結果（例如：常模參照測驗通常需要一些訓練）。

　　閱讀理解測量工具應該要幫助教師持續監控學生的閱讀理解，並提供設計閱讀理解介入課程的有效訊息。教師可以自我檢視下列事項（Williams, 2000）：

● 什麼評量方法的作業最適合用來評量我的學生是否真正理解他們所讀的內容呢？

● 這些評量方法的作業是否提供達到教學目標的有效訊息？

　　無論使用何種方法，重要的是，在評量閱讀理解時，要求學生閱讀的教材必須是符應學生學習程度的（而不是令學生挫敗的教材），以及學生可以非常流暢地閱讀的一段文章。如果學生無法閱讀至少 95% 的單字，將會影響閱讀理解（Gunning, 2002）。同樣地，如果學生是一個緩慢的、費力的閱讀者（雖然準確），閱讀理解就會受到影響。

常模參照測驗

　　傳統的常模參照測驗（norm-referenced tests），如：蓋茲－馬克基尼特閱讀測驗（Gates-MacGinitie Reading Tests）、葛瑞口語閱讀測驗（Gray Oral Reading Test）、愛荷華基本技能測驗（Iowa Test of Basic Skills）、團體閱讀評量和診斷評估（Group Reading Assessment and Diagnostic Evaluation, GRADE），或是史丹佛成就測驗（Stanford Achievement Test），都提供了閱讀理解的全面性測量，以及和同年齡或同年級同儕相比較的指標（如：常模樣本）。這些方法中，要求學生閱讀簡短的敘事和說明性文本，並回答有關該文本的閱讀理解問題。有關敘事文本的問題一般都聚焦在故事的背景、角色、事件和情節；說明性文本的問題則是關於主要概念及支持主要概念的內容。雖然有些問題需要推理思考，但是大

多數的問題都是仰賴直接的回想。閱讀者能夠辨識這些預設訊息的多寡，決定了閱讀者處於從新手到專家的持續歷程中的定位點（Bintz, 2000）。多數常模參照測驗可用於大團體施測，並且具有相對容易施測和計分的優點（參照表 2.3）。

限制

　　常模參照測驗被批評過度將焦點放在低層次的理解過程，而且不像真實生活的閱讀作業。測驗題項通常為選擇題題型，所以有猜測的因子存在。而且，標準化測驗沒有充分考量到社會經濟和文化語言的差異對學生表現的影響（Snyder, Caccamise, & Wise, 2005）。且經常是一個測驗裡沒有納入足夠的像英語學習者或是高度貧困區學生的樣本數。近幾年來，已致力於標準化測驗的改善。國家教育進展評測（National Assessment of Education Progress, NAEP）、史丹佛成就測驗 9（SAT-9）和多數的州評量都已經從目標性的選擇題題型，逐漸轉換為需要更開放回應的題型（Sarroub & Pearson, 1998）。此目的是為了進一步評量學生的文本思考能力，以及要求學生解釋自己的想法。

　　然而，Bintz（2000）卻認為這些改變還不夠。他仍關注閱讀理解測驗過度將重點放在閱讀者的理解和回想文本作者意圖的能力上。他聲稱這些標準過於狹隘，因為重點都放在閱讀者應該理解什麼，而不是閱讀者正在理解什麼和正如何理解。他指出，閱讀者如何與文本互動才是最終將影響閱讀理解的，傳統評量方法缺乏評量閱讀歷程的這個面向。閱讀理解開始（而不是結束）於理解作者所欲傳達的。為了準確地確認閱讀者的理解，評量這個初步閱讀後接著發生的思考歷程才是重要的。這些歷程包括形成觀點、延伸、分析、提問、採取的立場、轉換詮釋、重新思考身為閱讀者的自己、反思及批判性思考（例如，有關不連貫和異常）。Bintz 建議使用其他方法來探究這些關鍵歷程。

表 2.3　常模參照閱讀測驗範例

名稱	年齡	施測時間	閱讀評量的關鍵要素	信度和效度	施測方式
普倫達：拉普魯埃瓦德 Logros 西班牙語成就測驗—第三版（Aprenda: La Prueba de Logros en Español-3rd Edition）（Harcourt Assessment, 2004）	K*-12 年級	60-80 分鐘（整份測驗；只做理解部分，測驗時間則可略短）	謎語、找錯填空測驗和理解問題。測驗內容也包括聽力理解以及英文為第二外語的評量部分	無資料	個別
巴特立亞 III 伍德科克—穆尼茲：發展測驗（Batería III Woodcock-Muñoz: Pruebas de Aprovechamiento）（Riverside, 2005）	PreK*-12 年級	多樣	段落理解（填空測驗）	信度：群組解釋下信度高於 .80 外、無其他信度資料。效度：根據出版社報告，在具代表性的常模樣本（N = 8,818）以及兩個常模資料效度良好。	個別
蓋茲—馬克基尼特閱讀測驗（Gates-MacGinitie Reading Tests）（MacGinitie, MacGinitie, Maria, & Dreyer, 2000）	K-12 年級以及成人	55-75 分鐘	字義（第 1 級和第 2 級）：理解（第 1 級和第 2 級：1 到 3 個句子的短文；第 3 級（含）以上：段落閱讀）	信度：在秋季和春季施測結果，並做出級別區分後，1 至 12 年級在各級別信度均接近 .90s 或高於 .80s。效度：大量表與其他測量字彙與理解能力的測驗之間具顯著的相關。	團體

（續）

表 2.3　常模參照閱讀測驗範例（續）

名稱	年齡	施測時間	閱讀評量的關鍵要素	信度和效度	施測方式
葛瑞口語閱讀測驗—診斷式（Gray Oral Reading Test-Diagnostic）(Bryant & Wiederholt, 1991)	5歲6個月至12歲11個月	40-90分鐘	5題選擇題的短文閱讀；單字辨識；語素分析；語境分析；單字排序	信度：所有的內部一致性信度平均高於.94；重測信度和複本信度相當高（高於.90）。效度：葛瑞閱讀診斷測驗和其他量表之間的相關驗證。	個別
葛瑞口語閱讀測驗—4（Gray Oral Reading Test-4）(Wiederholt & Bryant, 2001)	6歲至18歲11個月	15-45分鐘	14個獨立的故事，每一個故事有5題閱讀理解的選擇題	信度：內部係數均為高於.90；重測信度和複本信度相當高（高於.90）。效度：葛瑞口語閱讀測驗和其他量表之間的相關驗證。	個別
葛瑞無聲閱讀測驗（Gray Silent Reading Test）(Wiederholt & Blalock, 2000)	7歲至25歲11個月	15-30分鐘	13個段落，每個段落有5題理解題項	信度：係數都在.97或以上；重測信度和複本信度相當高（高於.85）。效度：葛瑞無聲閱讀測驗和包括葛瑞口語閱讀測驗的其他量表之間的相關驗證。	個別、小組，或整個班級
團體閱讀評量和診斷評估（Group Reading Assessment and Diagnostic Evaluation）(GRADE; Williams, 2001)	PreK和以上	45分鐘至2小時（視程度和使用多少分測驗而定）	句子理解（填空測驗）和段落理解（學生閱讀一個段落後，做閱讀理解的選擇題）。也評量聽力理解	信度：複本信度和重測信度係數在.90範圍內。同時效度和預測效度：使用其他標準化閱讀評量工具驗證。	個別或團體

（續）

表 2.3　常模參照閱讀測驗範例（續）

名稱	年齡	施測時間	閱讀評量的關鍵要素	信度和效度	施測方式
愛荷華基本技能測驗（Iowa Test of Basic Skills, ITBS）（Hoover, Hieronymus, Frisbie, & Dunbar, 1996）	K 和以上	43 分鐘的閱讀分測驗	以評量批判思考和解釋的理解問題來評量閱讀理解	信度：各分測驗報告 84 個內部一致性係數，6 個在 .70s；其他則在 .80s 和 .90s。組合分數信度都是 .98。效度：研究建構中；無其他數據報告。	個別或團體
考夫曼教育成就測驗—修訂版—常模更新（Kaufman Test of Educational Achievement-Revised-Normative Update）（K-TEA-R/NU; Kaufman & Kaufman, 1998）	1 年級和以上	30-60 分鐘	透過要求學生依循書面指示來評量閱讀理解	信度：所有年齡的整體信度係數介於 .87 至 .95 之間。效度：在本測驗與指導手冊中所介紹的其他成就測驗之間的相關驗證（例如，本測驗與 K-ABC 之間的相關係數介於 .83 至 .88；與 PIAT 之間的相關係數介於 .75 至 .86）。	個別或團體
史丹佛 10 閱讀測驗（Stanford 10 Reading Test）（Harcourt Assessment, 2002）	K-12 年級	1 小時	評量敘事文段落的閱讀理解，透過以 3 個理解程度的開放式提問（初步瞭解、與文本和真實生活的連結、批判分析）。	信度：採用內部一致性測量、複本信度、重測信度。效度：採用與其他標準化評量（如：SAT-9、Otis-Lennon）。此評量已在 2002 年使用全國代表性樣本變成標準化測驗。具體資料呈現在測驗手冊中。	個別

（續）

表 2.3　常模參照閱讀測驗範例（續）

名稱	年齡	施測時間	閱讀評量的關鍵要素	信度和效度	施測方式
早期閱讀能力測驗－3（Test of Early Reading Ability-3）(Reid, Hresko, & Hammill, 2001)	PreK-2 年級	20 分鐘	單字、句子和段落等的理解（亦即測驗相關字彙、句型結構和複述釋義）	信度：3 種不同類型的研究均顯示本量表具高信度，全部 32 個係數中只有 2 個接近或超過 .90；係數計算使用常模樣本。分群（如：非裔美籍、拉丁美洲人），以及全部常模樣本。效度：已建立新效度；特別關注在測驗對於分群的多樣性和一般母群體之效度。	個別
閱讀理解測驗（Test of Reading Comprehension）(Brown, Hamill, & Wiederholt, 1995)	7 歲至 17 歲 11 個月	30-90 分鐘	句法相似性（要求學生選擇兩個相同意義的句子）；段落閱讀（6 個段落，5 個選擇題）。句子順序（5 個隨機排序的句子，讓學生排出正確的順序）；閱讀學校作業說明	信度：.90 以內。效度：在幾項不同的測驗中的校標效度（詳細內容在施測手冊中）	個別、小組，或整個班級

（續）

表 2.3 常模參照閱讀測驗範例（續）

名稱	年齡	施測時間	閱讀評量的關鍵要素	信度和效度	施測方式
伍德科克閱讀精熟測驗（Woodcock Reading Mastery Test, WRMT）（Woodcock, 1998）	5 歲至 75 歲以上	10-30 分鐘	單字理解（反義字、同義字、類推）；段落理解	信度：內部一致性折半信度：.94-.99。無複本、重測或評分者間信度資料。內容效度：傳統的項目選擇方法和 Rasch 模式方法；一些項目的選擇根據 Woodcock Johnson（1977）；字母辨識分測驗（Letter Identification subtest）的內容效度受到質疑。效標關聯效度：本測驗與 WRMT-R 和 WJ 閱讀測驗（1977）之間具中度至高度的相關係數。建構效度：測驗和集群間內在相關係數介於 .62 和 .96 之間。	個別

*譯註：「年齡」欄中，

K＝Kindergarten 等同於台灣目前幼兒園的大班

PreK＝Preschool 等同於台灣目前幼兒園的中班、小班、幼幼班

效標參照測驗

效標參照測驗（CRTs）是評量學生習得預設標準技能的程度。不同於常模參照測驗在和其他學生比較學生成就，CRTs 是判定學生在習得特定技能或學科的進步情形。目前有許多評量閱讀理解的商業版 CRTs（見表 2.4），或者教師可以自行設計。這些評量工具依特定的學科領域相關的範圍和序列圖表來設計，所以是評量從最簡單到最困難的技能的進步情形。基於這種結構，CRTs 非常適合以下這些目的：(1) 決定學生個別化教育計畫（Individualized Educational Plans, IEPs）的目標和目的；(2) 評估學生朝向達到前述目標的進步情形。這些測驗通常被當作進步評估的基準（如：每個年級階段一次，但頻率不超過於此）。其他的評量方法與課程更緊密結合，因此更可以每天監控進步和做教學決定（如：課程本位評量 [CBM]、觀察和放聲思考）。多數的 CRTs 是個別施測的，但有少數測驗也可以團體施測。非正式閱讀評量（IRIs）即是 CRT 的一個類型。

表 2.4　效標參照評量

名稱	年齡	施測時間	理解評量的關鍵要素	施測方法
分析性閱讀量表—第六版（Analytical Reading Inventory-6th Edition）（Woods & Moe, 1999）	K 和以上	不限	學生閱讀該年齡程度的一段敘事和說明性文章（朗讀和默讀）、重述，並回答特定的閱讀理解問題。也評量聽力理解。	個別
班德閱讀與語文量表—3（Bader Reading and Language Inventory-3）（Bader, 1998）	PreK 和以上	依分測驗而異	使用該年級程度的一段文章來評量默讀理解（也包含聽力理解）。	個別
基礎閱讀量表—第七版（Basic Reading Inventory-7th Edition）（Johns, 1997）	PreK 和以上	依分測驗而異	透過重述和理解性問題來評量口述和默讀理解。有英文和西班牙文版。	個別

（續）

表 2.4 效標參照評量（續）

名稱	年齡	施測時間	理解評量的關鍵要素	施測方法
閱讀發展評量（Developmental Reading Assessment）（Beaver, 1997）	K-3 年級	約 20 分鐘	透過重述故事和年級閱讀文章的閱讀理解問題來評量閱讀理解。	個別
關鍵連結（KeyLinks）（Harcourt, Brace Educational Measurement, 1996）	1 年級和以上	依情況而異	使用開放性問題和選擇題來評量敘事文本、說明性文本和功能性文本三種類型的閱讀理解。	個別和團體
佛萊特—庫特班級閱讀量表（Flynt-Cooter Reading Inventory for the Classroom）（Flynt & Cooter, 1998）	1 年級和以上	15-30 分鐘	學生默讀程度分級的文本，然後重述閱讀的內容。也評量聽力理解。	個別
質化閱讀量表，第四版（Qualitative Reading Inventory, 4th Edition）（QRI; Leslie & Caldwell, 2005）	高中讀寫程度	30-40 分鐘	透過重述故事和閱讀理解問題來測量口語理解和默讀理解。包括一個先備知識測驗。也評量聽力理解。	個別
河畔成就評量系列（Riverside Performance Assessment Series）（Riverside Publishing, 1994）	1 年級和以上	50-120分鐘，依程度而異	透過排序故事的要素和寫出開放性問題的答案來評量閱讀理解。目前有英文版和西班牙文版。	個別和團體
標準化閱讀量表—2（Standardized Reading Inventory-2）（Newcomer, 1999）	6 歲至 14 歲 6 個月	30-90 分鐘	評量上下文中的字彙理解和段落的閱讀理解。	個別

非正式閱讀評量

　　非正式閱讀評量（IRIs）是個別施測的測驗，可以獲得有關學生的閱讀程度，以及單字分析和閱讀理解技巧的訊息。部分測驗也可以評量出背景知識和興趣。施測者在學生朗讀不同段落時持續記錄，然後提問有關閱讀理解的問題。非正式閱讀評量當初是由教師發展出來的測驗，而目前已有許多商業版的非正式閱讀評量。非正式閱讀評量雖然讓施測者耗費許多時間，但也確實提供了深入瞭解學生讀寫技巧的詳細訊息。

　　究竟非正式閱讀評量可以提供多少關於學生閱讀理解的有效訊息呢？Applegate 等人（2002）曾進行以非正式閱讀評量測量學生閱讀理解歷程的可行性研究。他們檢視了商業版非正式閱讀評量中的開放性問題以及其所需的思考程度，發現其中超過91% 都只是單純回想或低層次的推理，而不是高層次的思考。他們的結論是：非正式閱讀評量：(1) 絕大多數是以文本為基礎；(2) 強調閱讀者衍生概念的能力，而不是用他們已具備的知識整合或重新建構概念；(3) 可能不是評量高層次思考技巧的最佳工具。他們指出，相較於選擇題型，開放性問題有提供更多有關學生閱讀理解歷程訊息的可能性，他們並建議，閱讀理解評量工具必須能夠區辨「可以記得文本內容和可以思考文本內容」的閱讀者（Applegate et al., 2002, p. 178）。他們建議教師選擇有較多評量高層次思考題項的非正式閱讀評量，並鼓勵出版社研發更多包含高層次思考問題的非正式閱讀評量。

　　同樣地，Dewitz 和 Dewitz（2003）以質化閱讀量表（Qualitative Reading Inventory-3, QRI-3）為診斷性工具來瞭解學生閱讀理解的優勢和弱勢之處。他們為了要更深入瞭解學生對問題的回應，以跳脫 QRI-3 所提供的指引來施測。他們將學生的回應進行分類，並試著瞭解為什麼學生會如此回應。他們記錄了學生如何回答問題、學生獲得的訊息，以及他們能夠推論的類型。Dewitz 和 Dewitz 總結說：「透過使用類似 QRI-3 或其他非正式閱讀測驗［更深入的］探討潛藏於學生閱讀理解困難中的思考，或缺乏思考的根本問題，我們可以增進對於學生閱讀理解困難的瞭解」（p. 434）。他們建議教師以這樣的方式來使用 IRIs，以便獲

取他們可用來調整教學以符應學生需求的訊息。要如此做的方法之一便是結合 IRIs 和放聲思考（將在本章末探討）。

課程本位評量

課程本位評量（CBA）最初的目的是有系統地評量學生達到教學目標和目的的進步情形。Overton（2003）認為，CBA 是「評量學生在課程中學習情形的最佳工具」（p. 299）。課程本位評量立基於三種基本原則：評量項目必須是依據課程內容而訂、持續不斷地重複評量、以評量的結果來設計教學計畫（King-Sears, 1994）。

CBA 提供一個監控閱讀理解教學介入成效以瞭解學習問題的方法。使用課程中實際閱讀的一段文章，輔以閱讀理解問題的提問，一段時間後可以評量出學生正確回答問題的能力。這個評量訊息應該以圖表記錄，為師生提供一個學生進步情況的視覺化圖像。透過這些視覺化圖像，教師可以迅速看出哪些學生沒有進步。多數學生的趨勢線是向上傾斜的，而有閱讀困難的學生則維持得相當平直。Klingner 和 Vaughn（1996）成功地使用這個方法來評量有學習障礙的英語學習者的閱讀理解策略之介入成效。同樣地，Ortiz 和 Wilkinson（1991）建議使用 CBA 評量英語學習者同時使用英語和母語兩者來學習的學習成就，以及判定他們是否有學習障礙。多年來，已經發展出許多 CBA 的型式，其中之一即是課程本位測量。

課程本位測量

課程本位測量（CBM）為 CBA 的一個類型，其涵蓋了閱讀和學科領域的基本技巧，是一套標準化的、簡單的、短期流暢度的測量工具（Deno, 1992; Fuchs & Deno, 1992; Marston & Magnusson, 1985）。實施 CBM 同樣的困難是需持續一段長時間的定期（如：每週或每月）重複施測。一般來說，評量在範疇上是有些廣泛的，觸及達到課程目標所需的各種技能（Fuchs & Fuchs, 1999）；但是，評量也應非常敏覺地發現相當短時間內的變化。學生的進步情形繪製在等距圖表上

（即，線與線之間等距的線性圖），手繪或是使用 CBM 的電腦版本皆可，並保存在個人或班級的檔案裡（Fuchs, Fuchs, Hamlett, Philips, & Bentz, 1994）。這種資料的視覺化呈現是易於解釋的，並且利於教師、家長、學生和其他人之間的溝通（Deno, 1992）。尤其是，有一種 CBM 方法已經被認定可有效評量閱讀流暢度和理解力（Shinn & Bamonto, 1998）。學生完成一個填字閱讀活動（即，選擇填空測驗），而記分者持續追蹤正確選字的數量。

　　雖然 CBA 和 CBM 方法提供一個學生閱讀理解程度的快速指引，並能有效監控學生的進步情形，但是，卻沒有提供學生內在閱讀策略歷程的深入圖像。這些方法只告訴我們學生在基本程度上的理解情形，而不是他們為什麼做錯。如同傳統的評量方法，CBA 和 CBM 被批評為只提供有關學生閱讀理解的窄化描繪。不過，當與其他方法整合應用時，CBA 和 CBM 方法可以是一個有價值的工具。

□ 如何使用 CBM？以下是使用流暢度填字測驗（maze fluency measure）的示例，說明如何使用 CBM 來追蹤學生的閱讀流暢度和理解力的進步情形（Fuchs & Fuchs, 2003）：

● 首先，取得或設計幾個符合年度期待程度的不同形式的流暢度填字文字段落。設計一個填字作業，需刪除每一個文字段落的第七個文字，改用三選項的選擇題取代之。以此方法套用在相同難易度的幾篇文章上。

● 每週（或每月）一次，讓學生進行 2 分半鐘的填字段落活動，並記錄正確回答的題數。

● 在圖表上持續記錄每位學生的分數。為瞭解學生的進步情形，在圖表上的 y 軸記錄正確解題的題數，在 x 軸記錄週或月的教學或評量資料。訂定成就目標。而設定成就目標的依據訊息，可能來自於一個 CBM 評量、基於個人目標，或基於預期的年級程度。為了利用這些訊息來監控進步情形，在介於第一次分數（first score）〔或基線分數（baseline score）〕，和預測目標分數（predicted outcome score）之間畫出一條目標線（goal line）。圖 2.1 為坦妮亞一學年的流暢度填字 CBM 圖。評估每位學生的分數以監控學生的進

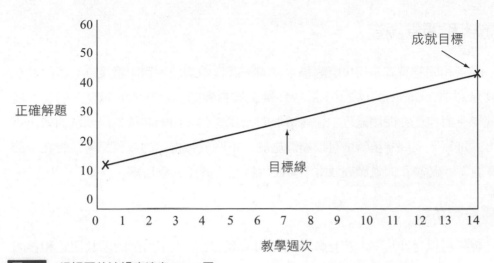

圖 2.1　坦妮亞的流暢度填字 CBM 圖

步，並做為教學調整之用。如果分數低於目標線，表示學生並不如預期的有所進步；如果分數落在目標線上或目標線上方，則表示學生已有相當的進步。跟學生分享這些訊息，以便讓學生可以看到自己的進步，並且為自己設定目標。

● 運用 CBM 的結果做出以學生進步情況為基礎的教學決定。

● 許多 CBM 測量提供一般的進步（斜度）概況，因此教師可以判斷學生是否在達到年度目標的軌道上。如果學生的斜度在增加中，表示學生正朝向年度目標前進中；如果斜度下降或持平，表示學生應該沒有從教學中獲益。這種情況下，教師應該改變或進行額外的教學。例如，如果學生有三個點落在目標線的上方，則教師可以提高年度目標，並將目標線往上提高（斜度較陡的線代表進步快速）。如果學生有二到三個點落在目標線下方，則表示學生並沒有如預期的有所進步，因此應該要調整教學以增加學習（Wright, 2006）。教師也可以透過整個班級或年級的學生進步情形，來瞭解自己的教學。如果班級裡的多數學生沒有什麼進步，則教學計畫可能必須再改進。如果只有少數學生進步一些或沒有進步，則要加強有效的教學回應，以及特別指導這些學生。

訪談和問卷調查

訪談和問卷調查是用來瞭解學生在閱讀過程中的理解和閱讀策略知識的非正式評量方法（Garner, 1992）。這些評量工具為教師提供有效的訊息，而且也能促進學生對自己在閱讀過程中參與情形的自我覺察。口頭訪談是以個別的或小組的方式進行，而問卷填答則可以團體施測。不同於被提示的放聲思考（將在下節中探討），訪談和問卷調查通常不會使用特定的閱讀文章段落。

如何進行訪談

訪談可以是非正式的或是較結構化的。圖 2.2 提供了可能的訪談問題和後續追蹤調查的清單（改編自 Gunning, 2002）。Gunning 建議，不應該在一次的訪談中問完所有問題，而是靈活地穿插在閱讀前和閱讀後的討論中。

問卷調查

問卷調查提供相似平均值，可藉以瞭解學生的閱讀策略處理。由於問卷調查是以書面回應，所以可以團體施測。因而，問卷調查潛在地提供一個節省資料蒐集時間的方法。Mokhtari 和 Reichard（2002）發展了閱讀策略後設認知覺知量表（Metacognitive Awareness of Reading Strategies Inventory, MARSI），是一種自陳式的工具，用來評量青少年和成人閱讀者後設認知的覺知，以及他們在閱讀學術性文本時策略使用的知覺（參照圖 2.3）。如同其他的書面問卷調查，MARSI 可以個別或團體施測。MARSI 相當簡短，是做為補充其他閱讀理解工具之用，而不是做為一個綜合的或獨立的工具來使用。MARSI 提供一種教師監控學生使用閱讀策略的類型和數量的可行方法。此外，MARSI 幫助學生更瞭解自己所使用的閱讀策略。然而，如同其他自陳式的測量方法，MARSI 可能很難確切地瞭解是否學生真的實際使用他們所自陳的策略。

在開始閱讀前，你會做什麼？

● 你會讀題目和標題嗎？

● 你會看圖片嗎？

● 你會預測文章的內容嗎？

● 你會問問自己，關於這個主題，你已經知道了什麼嗎？

閱讀時，你會做什麼？

● 你會想想你正在讀什麼嗎？

● 你有時會暫停閱讀，問問自己：到目前為止，已經讀過了什麼嗎？

● 你會在心中描繪你正在閱讀的人物、地點和事件嗎？

● 你會想像，閱讀的當下，你正在與作者對話嗎？

當你遇到不懂的單字，你會怎麼辦？

● 你會尋找線索，並且揣摩單字的意思嗎？

● 你會查專業辭典或字典嗎？

當你對文本中的某部分感到困惑時，你會怎麼做？

● 你會再讀一遍嗎？

● 你還是繼續閱讀嗎？

● 你會試著從照片或圖片中尋找線索嗎？

結束閱讀後，你會怎麼做？

● 你會想一想你讀過了什麼嗎？

● 你會用你學到的訊息來做些什麼嗎？

● 你會把剛才閱讀過的和你已經知道的做比較嗎？

圖 2.2　訪談策略。改編自 Gunning（2002）。Copyright 2002 by Prentice Hall

說明：以下所列，是關於人們在閱讀學術性或與學校有關的教材（如教科書或圖書館書籍）時，會做些什麼的題項。

每個題項後面有 5 個數字（1、2、3、4、5），每個數字代表的意義如下：

- 1 代表「我*從沒有或幾乎沒有*做過。」
- 4 代表「我*通常*會做。」
- 2 代表「我*只有偶爾*做而已。」
- 5 代表「我*總是或一直*都做。」
- 3 代表「我*有時候*會做。」（大約 50% 的時間）

閱讀每個題項後，請圈選最適合你的**數字**（1、2、3、4、5）。請注意，此量表中的這些題項**沒有對或錯的答案**。

策略（或類型）	等級
1. 當我閱讀時，我心中是有目的的（G）。	1 2 3 4 5
2. 我會在閱讀時做筆記，來幫助自己理解閱讀的內容（S）。	1 2 3 4 5
3. 我會思考我所知道的，來幫助自己理解閱讀的內容（G）。	1 2 3 4 5
4. 我會在閱讀前先預覽文本，來看看它的內容是有關什麼的（G）。	1 2 3 4 5
5. 當文本太難時，我會用朗讀來幫助自己瞭解閱讀的內容（S）。	1 2 3 4 5
6. 我會摘要閱讀的內容，來反思文章中重要的訊息（S）。	1 2 3 4 5
7. 我會思考文本內容是否符合我的閱讀目的（G）。	1 2 3 4 5
8. 我會慢慢地但仔細地閱讀，來確認自己正在理解閱讀的內容（P）。	1 2 3 4 5
9. 我會和別人討論閱讀內容，來確認我的理解是否正確（S）。	1 2 3 4 5
10. 我會先略讀文章，並注意有關長度和組織等特色（G）。	1 2 3 4 5
11. 當我不專心時，我會試著把自己拉回來（P）。	1 2 3 4 5
12. 我會劃線或圈出文本中的訊息，來幫助我記憶（S）。	1 2 3 4 5
13. 我會依據正在閱讀的內容來調整閱讀速度（P）。	1 2 3 4 5
14. 我會決定什麼要仔細讀、什麼要忽略不讀（G）。	1 2 3 4 5
15. 我會使用字典或專業辭典來幫助自己瞭解閱讀的內容（S）。	1 2 3 4 5
16. 當文本變難時，我會更專心在目前閱讀的內容上（P）。	1 2 3 4 5
17. 我會使用文本中的圖表或圖片來加強我的理解（G）。	1 2 3 4 5
18. 我會不時地停下來想想我正在讀的內容（P）。	1 2 3 4 5
19. 我會使用語境線索來幫助我更瞭解正在閱讀的內容（G）。	1 2 3 4 5
20. 我會用自己的話再說一次概念，以便更瞭解閱讀的內容（S）。	1 2 3 4 5
21. 我會嘗試用圖像或視覺化訊息，來幫助我記憶閱讀的內容（P）。	1 2 3 4 5
22. 我會善用像粗體或斜體的輔助來辨識重要訊息（G）。	1 2 3 4 5
23. 我會批判性地分析或評價文本中的訊息（G）。	1 2 3 4 5
24. 我會前後來回地閱讀文本，來發現文本中概念彼此間的關係（S）。	1 2 3 4 5
25. 當我遇到衝突矛盾的訊息時，我會反思自己是否理解（G）。	1 2 3 4 5
26. 我會試著猜想閱讀的內容是關於什麼（G）。	1 2 3 4 5
27. 當文本變難時，我會重讀以增加自己的理解（P）。	1 2 3 4 5
28. 我會自我提問，來檢視自己是否理解閱讀的內容（S）。	1 2 3 4 5
29. 我會檢視自己對於文本的猜想是對還是錯（G）。	1 2 3 4 5
30. 我會試著猜想不認識的單字或片語的意思（P）。	1 2 3 4 5

圖 2.3 閱讀策略後設認知覺知量表。改編自 Mokhtari 和 Reichard（2002）。 （續）

「閱讀策略後設認知覺知量表」計分題目

學生姓名：_____　　年齡：_____　　年級：_____　　日期：_____

1. 在每個空格中填入你對每個題項的回應（即：1、2、3、4 或 5）。

2. 在各欄下面加總分數。並將總分填入各欄下方的線上。

3. 將分量表分數除以各欄的題數，以獲得每個分量表的平均分數。

4. 將分量表分數的總和除以 30，以計算整份量表的平均分數。

5. 將你的結果和下方的結果比較。

6. 和老師討論你的結果。

整體（GLOBAL; G）	問題解決（PROBLEM-SOLVING; P）	輔助（SUPPORT; S）
1._____	8._____	2._____
3._____	11._____	5._____
4._____	13._____	6._____
7._____	16._____	9._____
10._____	18._____	12._____
14._____	21._____	15._____
17._____	27._____	20._____
19._____	30._____	24._____
22._____		28._____
23._____		
25._____		
26._____		
29._____		

GLOB 分數_____　　PROB 分數_____　　SUP 分數_____　　總分_____

GLOB 平均分數_____　　PROB 平均分數_____　　SUP 平均分數_____　　總平均分數_____

平均分數說明：3.5 或以上＝高　　2.5-3.4 ＝中等　　2.4 或低於 2.4 ＝低

分數解釋：總平均分數代表你在閱讀學術性資料時，有多常使用閱讀策略。每個分量表平均分數代表，在閱讀時你最常使用的閱讀策略（如：整體、問題解決、輔助策略）。如果在任何一個策略群上得分太高或太低時，你可以補充說明之。但是請注意，這些策略的最佳使用取決於你的閱讀能力、閱讀材料的類型，以及你閱讀的目的。在任何一個分量表的得分較低，則代表有一些策略可能是你在閱讀時想要學習和考慮使用的。

圖 2.3　閱讀策略後設認知覺知量表。（續）

整體閱讀策略（G）：包括設定閱讀目的、活化先備知識、檢視文本內容符合目標與否、預測文本內容、確認預測、預覽文本內容、略讀以瞭解文本特性、決定哪些要仔細閱讀、使用語境線索、使用文本結構，以及使用其他文本特性來增進閱讀理解（項目 1、3、4、7、10、14、17、19、22、23、25、26、29）。

問題解決策略（P）：包括緩慢而仔細地閱讀、調整閱讀速度、專注於閱讀上、暫停以反思閱讀、重讀、視覺化訊息閱讀、朗讀文本，以及猜想生字的涵義（項目 8、11、13、16、18、21、27、30）。

輔助閱讀策略（S）：包括閱讀時做筆記、複述文本訊息、重溫之前的閱讀訊息、自我提問、使用參考資料來輔助、劃線、與他人討論閱讀內容，以及摘要閱讀的內容（項目 2、5、6、9、12、15、20、24、28）。

圖 2.3　閱讀策略後設認知覺知量表。（續）

觀察

　　觀察是評量過程的一部分，比學生自己**說**他們做了什麼，更能提供學生實際做了什麼的證據（Baker, 2002）。在同儕學習或合作學習活動中觀察學生閱讀策略的使用，可能會特別明顯。例如，聆聽一位同儕助教向另一位學生說明策略的應用，可以獲得學生知道了什麼和會了什麼的有效訊息（Klingner & Vaughn, 1996）。在獨立閱讀時間觀察學生也有所幫助。

如何進行觀察

　　有很多進行觀察和記錄觀察的方法。其中一種方法是使用一個包含各種閱讀行為的觀察檢核表。老師或其他觀察者只需關注哪些與閱讀有關的活動是要觀察或不要觀察的。我們提供了兩個檢核表範例如後。第一個檢核表是檢核學生對敘事文本的理解（見圖 2.4）。第二個檢核表是評量學生在獨立閱讀時間的表現。教師每學期為每位學生填寫一次檢核表，並和每位學生個別討論他（她）的改善情形（見圖 2.5）。

　　另一種方法是軼事記錄（Gunning, 2002）。除了學生的閱讀行為之外，觀察者應記錄時間、日期、情境和參與者的姓名。例如：

11:20，9/23/05：約翰似乎更能監控自己的閱讀理解，以及更會使用語境線索來瞭解字義。他只問了我一個有關在社會科課本裡某個關鍵字的定義，而當我提醒他重讀句子來尋找線索時，他就能夠理解字義。

　　軼事記錄可以非常簡短。我們建議教師使用便條紙來記錄對學生的看法。有的教師維持使用活頁筆記本以及分隔頁為每位學生規劃一個單獨的部分。有的老師則是在閱讀活動時提供學生一本自己的日誌。這個方法可讓老師將自己的意見傳達給學生，而學生可以加入自己的回饋。軼事記錄應該定期檢討，以做為一種持續追蹤學生的需求和進步狀況的方法。

學生＿＿＿＿＿＿＿＿＿＿＿＿＿＿＿＿＿＿＿＿＿＿＿＿＿＿＿＿＿＿＿＿

教師＿＿＿＿＿＿＿＿＿＿＿＿＿＿＿＿＿＿＿＿＿＿日期＿＿＿＿＿＿＿＿

說明：使用下列方式記錄學生的行為：

N＝學生不參與的行為。

B＝學生開始參與的行為。

D＝學生正在發展的行為。

P＝學生熟練的行為。

補充說明你的記錄。

＿＿＿＿＿＿知道角色名稱　　　＿＿＿＿＿＿描述背景情境

＿＿＿＿＿＿辨識時間／地點　　　＿＿＿＿＿＿辨識問題

＿＿＿＿＿＿辨識解決方法　　　＿＿＿＿＿＿預測結局

＿＿＿＿＿＿辨識情緒　　　　　＿＿＿＿＿＿描述作者的觀點

＿＿＿＿＿＿敘說故事的主題　　　＿＿＿＿＿＿重述故事

評析：

圖 2.4　學生理解敘事文本檢核表。改編自 Pike 和 Salend（1995）。Copyright 1995 by The Council for Exceptional Children

姓名：＿＿＿＿＿＿＿＿＿＿＿＿＿＿＿＿＿＿＿＿＿＿＿　日期：＿＿＿＿＿＿＿＿＿＿

評定等級：　　　　　A＝幾乎總是　　　　　S＝偶爾　　　　R＝很少

選擇適當的圖書

＿＿＿＿＿＿＿正確且自信地選擇簡單、適切和高難度的書。

獨立閱讀

＿＿＿＿＿＿＿開始自己閱讀。

＿＿＿＿＿＿＿幾乎整個獨立閱讀時間都真正在閱讀。

使用閱讀策略

＿＿＿＿＿＿＿無法理解時會以重讀來解決問題。

＿＿＿＿＿＿＿使用意義和圖片來幫助理解單字。

＿＿＿＿＿＿＿使用解碼來幫助理解單字。

＿＿＿＿＿＿＿將閱讀與自己的先備經驗連結。

＿＿＿＿＿＿＿預測故事接下來會發生什麼事？

＿＿＿＿＿＿＿將閱讀與其他書籍和先備知識連結。

＿＿＿＿＿＿＿提出與內容有關的問題。

參與閱讀者社群

＿＿＿＿＿＿＿和同學談論書籍。

＿＿＿＿＿＿＿提出和解釋問題與困惑。

圖 2.5　閱讀行為檢核表。改編自 Roller（1996）。Copyright 1996 by The International Reading Association

　　民族誌記錄（ethnographic note）即類似軼事記錄，但是較為耗時費力。民族誌記錄用於關注某一特定學生是非常有幫助的（Irwin, 1991）。這過程包括一段長時間不斷且詳細的記錄，或者如 Irwin 所提到「能多記錄就多記錄，能常記錄就常記錄」（p. 196）。Klingner、Sturges 和 Harry（2003）詳細說明了有關如何使用民族誌來瞭解學生實際閱讀情形之觀察和記錄的技巧。

限制

　　觀察法的限制在於，可能很難瞭解學生正在使用的理解策略是什麼，或是她

（他）為什麼會這麼做的原因？事實上，我們無法確實觀察到思考歷程，只能觀察到這些思考歷程的結果（例如，學生做了什麼或者說了什麼）。因此，審慎地解釋觀察筆記是很重要的，並且要瞭解應該有其他解釋學生行動的可能。例如，一個不願意主動回答理解問題的學生，和一個似乎只記得一些閱讀內容的學生，可能只是因為在大家面前說話時會害羞或害怕；在回答問題上有困難的學生，可能是字彙有限，或是正處於以英文為第二語言的學習歷程中（Klingner, 2004）。觀察法的另一個限制是非常耗時。然而，透過結合觀察法和其他評量方法，教師可能可以獲得有關學生技能的整體圖像。

重述

　　口頭重述是監控學生閱讀理解的有效技巧。施測者只單純地要求學生重述或重現所閱讀過的內容。因為重述需要整合許多閱讀理解過程中的技巧，因此，要求學生重述他們閱讀過的內容，是有別於評估學生閱讀理解的傳統提問技巧的另一種有效方法。重述故事（story retelling）需要理解、記憶、排列事件先後順序，以及文本中呈現的主要概念（Hansen, 1978）。學生必須記住確實的內容，才能以有組織和有意義的方式連結這些內容。此外，他們還必須提出推論以彌補他們無法清楚回想的訊息，才能重現一個前後連貫的重述。

　　重述的優點是，老師可以獲得許多關於學生瞭解了什麼，以及哪裡可能有問題的訊息。這些訊息對於判定學生還必須學習哪些理解技巧時，是非常有幫助的。一項有趣的研究發現是，英語學習者用母語重述比用英語重述的還多，即使是閱讀英文文本時亦是如此。前項研究發現值得關注的是，如果施測者的目標是判定學生閱讀英文文本時理解多少，當鼓勵學生使用母語來分享這項訊息時，學生可能可以更精確地描述自己的閱讀理解。

　　而重述的缺點是，它必須個別進行，且在實施和評分上非常耗時。另一個限制是，有語言表達困難的學生可能無法傳達他們的理解。當然，如前所述，英語學習者也可能無法用英語清楚表達自己的理解。

如何使用重述

重述是一個相對容易實施的評量方法。其程序如下：

1. 選擇一個合適的文本，讓學生閱讀。文章應符應學生目前的學習程度或可以讀懂的，可以是敘事文本或說明性文本。

2. 要求學生默讀、唸讀，或同時默讀唸讀這篇文章（這是推薦給閱讀困難學生的技巧）。

3. 當學生讀完後，請學生重述這篇文章。具體的指導方法依該篇文章的類型而有所不同：

   a. 若是敘事文本的重述（Lipson, Mosenthal, & Mekkelsen, 1999），請說：

   　i. 假裝我從來沒有聽過這個故事，請告訴我故事裡發生的一切，或者

   　ii.從故事的開始，從頭說這故事給我聽。

   b. 若是知識性文本（Gunning, 2002），則引導學生：

   　i. 盡可能告訴我更多有關你剛才讀過的文章中你所記得的訊息，或者

   　ii.告訴我，從這篇文章中你學到了什麼。

4. 如果學生提供的訊息不完整，則透過下列提問來探查或提示學生：

   a. 你能再告訴我更多的故事內容嗎？或者

   b. 還有別的嗎？

對於有足夠寫作能力的學生，與其讓他們口頭重述故事，可以請學生寫出重述的內容。這個方法對抗拒寫作或缺乏寫作技巧的學生來說並不是一個合適的選項（例如某些學習障礙學生），但是對有自信的寫作者來說，卻是個好方法。寫作重述的優點是，可以同時讓多位學生在同一個時間重述故事，因而節省時間。

如何評分重述

評量學生的重述表現，會依學生被要求重述敘事文本或說明性文本而有所不同。如果是重述敘事文本，學生應該要能夠傳達故事的情節，以及描述故事的角

色和背景；如果是說明性文本時，學生應該要能夠表達對所學到的重要訊息的理解及相關的內容。這兩種文本類型的重述，先後順序是很重要的。

當學生在重述一篇文章時，記錄重述的品質和組織——是否提及所有的必要訊息，以及是否有任何不正確的地方，如：有錯誤理解或是部分理解等。此外，也要觀察學生在閱讀前或閱讀中尋找有關影響自己的線索的行動，以及學生是否正在使用理解策略等。下列問題可供參考：

1. 學生可以準確描繪出文章的主要概念嗎？
2. 包含了大部分或所有的關鍵重點嗎？
3. 學生準確說出相關的內容嗎？
4. 學生使用了和文章中相同的字彙，或是更簡單的呢？或是稍加潤飾過的字彙呢？
5. 重述敘事文本時：
   a. 學生描述了故事的開始、過程和結局，而且是正確的順序嗎？
   b. 學生描述了故事的角色和背景嗎？
6. 學生是否將文本中的訊息與個人的知識連結呢？
7. 學生是否注意到概念彼此間的關係呢？
8. 學生在閱讀前對文本做了什麼（如，看起來像閱讀了標題和副標題、看了任何的圖畫）？或是馬上就開始閱讀？
9. 閱讀時，學生是否會查看語彙表或插圖，或看起來像在重讀文本的重點呢？
10. 學生顯得焦慮或害羞嗎？或者學生好像對閱讀顯得自信和愉悅呢？

註記可以做為記錄學生回應的質與量的方法。回應的品質可以簡單地以「低」、「中」、「高」來記錄。或是使用 0 到 4、或 0 到 5 的評定量表。例如：

0　　沒有回應。

1　　不準確和不完整的回應。

2　　有些訊息是準確的，有些是不準確的；回應不完整。

3　　訊息通常是準確和完整的，但尚在發展中。

4　回應完整且準確。

5　回應完整且準確，外加學生指出各要素之間的相互關係，或與個人知識連結。

　　也可以使用記錄表。重述敘事文本的記錄表請參考圖 2.6，重述說明性文本的記錄表請參考圖 2.7。

學生姓名＿＿＿＿＿＿＿＿＿＿＿＿＿＿＿＿＿＿＿＿＿日期＿＿＿＿＿＿＿＿＿＿
故事＿＿＿＿＿＿＿＿＿＿＿＿＿＿＿＿＿＿＿＿＿＿＿＿＿＿＿＿＿＿＿＿＿＿＿

故事地圖（最高 50 分）	獨立（滿分）	教師提示（一半分數）
背景（4 分）： 時間： 地點：	（評分和評語）	（評分和評語）
角色（8 分）： 主角： 其他：	（評分和評語）	（評分和評語）
要解決的問題（8 分）：	（評分和評語）	（評分和評語）
事件（10 分）： 1. 2. 3. 4.	（評分和評語）	（評分和評語）
解決方法（10 分）：	（評分和評語）	（評分和評語）
主題（10 分）：	（評分和評語）	（評分和評語）

圖 2.6　敘事文本重述記錄表示例。改編自 Kaiser（1997）

學生姓名＿＿＿＿＿＿＿＿＿＿＿＿＿＿＿＿＿＿＿＿＿＿＿＿＿＿日期＿＿＿＿＿＿＿＿＿＿

文本名稱＿＿＿＿＿＿＿＿＿＿＿＿＿＿＿＿＿＿＿＿＿＿＿＿＿＿＿＿＿＿＿＿＿＿＿＿

選書者：學生＿＿＿＿＿＿＿教師＿＿＿＿＿＿＿

	自發的	經提示的
主要概念： 2 分：辨識所有的主要概念。 1 分：說出大多數的主要概念。 0 分：無法說出任何主要概念。 評語：		
相關內容細節： 2 分：描述一些主要概念的相關內容細節。 1 分：描述一些細節來說明一些主要概念。 0 分：無法說出任何支持性的細節。 評語：		
順序（依序說出主要概念）： 2 分：正確。 1 分：部分正確。 0 分：無法說出文本順序。 評語：		
結局 2 分：說出結局。 1 分：說出部分結局。 評語：		
總分 （可能有 8 分） 補充說明		

圖 2.7 說明性文本重述記錄表示例。改編自 Saskatchewan Learning（2002）。Copyright 2002 by Saskatchewan Learning

低年級學生或閱讀障礙閱讀者的重述

　　Paris 和 Paris（2003）發展了一個低年級版的重述方法——「圖畫書敘事理解作業」（Narrative Comprehension of Picture Books task），讓學生重述無字圖畫書而不是有字圖畫書。這個方法有許多優點。首先，對於不論是否會解碼文字的低年級學生或是閱讀障礙的學生，這個方法都是有幫助的。其次，它在使用上具有彈性，且可以應用在許多不同的敘事圖畫書上。第三，它與 QRI-2 重述有密切連結，並建議從圖畫的敘事中引發重述是一個有效的方法。Paris 和 Paris 強調閱讀初期的敘事理解的重要性，並主張敘事能力可以是兒童思考的一般性特質，這是早期讀寫成功和認知發展的本質。他們提供了可信的證據，證明在學習閱讀時，兒童對於敘事故事的理解是重要的基本技巧。

▌放聲思考法

　　放聲思考法乃是要求學生在閱讀時說出想法。要求學生「放聲思考」可以有效洞察他們的後設認知和認知處理策略（Irwin, 1991; Kucan & Beck, 1997; Ward & Traweek, 1993），以及學習單字的策略（Harmon, 2000）和工作記憶（Whitney & Budd, 1996）。放聲思考也提供有關學生發現有趣的或重要的文本特色的相關訊息（Wade, Buxton, & Kelly, 1999）。這些都是其他評量方法難以評量的歷程。放聲思考法的另一個優點是，學生變得更加瞭解他們在閱讀時所使用的心智歷程，因而可以藉此提升他們的閱讀理解（Oster, 2001）。

如何使用放聲思考法

　　放聲思考法必須個別實施。如同其他閱讀理解評量的方法一樣，首先要選擇一個符應學生學習程度的文章。文章必須是學生能夠讀得懂的，但也不能太過簡單，因為一些認知和後設認知過程只在具有挑戰性內容的文本中才會運作。然後，問學生一些可以幫助他們在閱讀前、中、後放聲思考的問題，如（以下改編自 Gunning, 2002）：

❑ **閱讀前**（整個段落）：你覺得這篇文章的內容可能是關於什麼的呢？為什麼你會這麼覺得？

❑ **閱讀中**（在閱讀了文章的每一個環節或區塊之後）：當你閱讀這一節時，你在想些什麼？有沒有難以理解的部分呢？遇到難以理解的部分時，你都怎麼做？有沒有難以理解的單字呢？遇到難以理解的單字時，你都怎麼做？

❑ **閱讀後**（整個段落）：請告訴我這篇文章的內容。

　　當學生放聲思考時，盡可能逐字記錄學生的回應。請牢記，放聲思考對許多學生來說是困難的。因此，先示範這個程序，然後讓學生有時間練習是很重要的。請注意，「閱讀後」的提示非常類似要求學生重述他們讀過的內容的方法。

　　在學生完成放聲思考的程序後，分析他（她）的回應，並記錄學生用了什麼策略，例如：

- 閱讀前，先進行預測。
- 閱讀時，根據新的訊息來修正預測。
- 思考之前讀過的訊息。
- 進行推論。
- 做出結論。
- 提出看法。
- 視覺化或建立心像。
- 轉述。
- 摘要。
- 提出問題。
- 討論所閱讀的內容。
- 監控閱讀理解。
- 利用上下文來瞭解困難的單字。
- 重讀有挑戰性的部分。
- 閱讀插圖來幫助理解。

　　最後，針對學生實際使用的策略和有效監控理解的程度做出結論。然後以此訊息做為教學上的改進參考。

　　放聲思考法已被成功地使用在讓學生察覺無效的處理。例如，Monti 和 Cicchetti（1996）發現，有閱讀困難的人使用較少的後設認知和認知技巧。他們傾向於：(1) 更注重解碼和發音，而不是閱讀理解；(2) 不太使用背景知識；(3) 沒有監控自己的理解；以及 (4) 在閱讀時，較少提出關於意義的問題。這些部分都是學生學習理解策略時可以改善的（Palincsar & Brown, 1984; Klingner, Vaughn, Argüelles, Hughes, & Ahwee, 2004）。Klingner 等人結合了放聲思考法和持續追蹤訪談法來調查學習障礙學生的閱讀理解策略教學。這項測量的目的在於瞭解學生是否、以及如何應用他們在「轉換作業」（transfer task）中所學過的理解策略（見本章末附錄 2.1 的測量版本）。

限制

　　然而，放聲思考仍有幾種可能的限制（Baker, 2002）：

1. 可能會打斷閱讀的過程。
2. 如果學生不知道自己正在使用的認知歷程，以及表達自己所想的可能有問題時，學生可能很難進行。
3. 個人特質，如年齡、動機、焦慮程度，和口語表達能力等都會影響回應。
4. 學生可能在教學、探索或提問中，被提醒要提供某種回應。
5. 發現正好合適程度的段落才可能被挑戰。學生可能只在難度適中的文本中表現認知和後設認知策略的使用，然而，太困難的段落就讓學生難以閱讀。
6. 放聲思考法可能費時且難以計分。

這些限制在一定程度上是可以克服的。例如，放聲思考練習幫助學生更加瞭解且可以清楚表達自己正在使用的心智處理。儘管有其限制，放聲思考法仍是一個有價值的評量方法。如同我們所介紹過的其他評量工具，最佳的使用仍是與其他方法結合運用（Whitney & Budd, 1996）。

課室閱讀理解教學之評量

　　本章要討論的最後一個評量方法，並不是設計來開發學生的閱讀理解過程，而是要幫助教師評量自己的教學。Duke 和 Pearson（2002）提供（一般或特殊教育）教師一個有價值的問題檢核表來評量自己的閱讀教學（參考圖 2.8）。透過這個過程，可以幫助教師瞭解自己的閱讀理解教學的優點和需要改進的部分。

是否教導學生……
□ 辨識閱讀的目的？
□ 在閱讀前預覽文本？
□ 在閱讀前和閱讀時進行預測？
□ 確認他們的預測是否正確？
□ 在閱讀前活化相關的背景知識？
□ 在閱讀時放聲思考？
□ 辨識文本結構和使用文本結構來促進理解？
□ 在閱讀時監控他們的理解？
□ 在閱讀時瞭解非常見單字的字義？
□ 使用視覺化呈現（如故事地圖）來幫助他們理解和回想？
□ 確定他們閱讀內容中最重要的概念？
□ 摘要閱讀的內容？
□ 提出與文本中重要概念有關的問題？

閱讀理解策略教學包括……
□ 當要使用策略時，清楚地說明策略，並解釋使用的時機（應在何時使用）。
□ 示範策略？
□ 引導練習使用策略，且在必要的時候給予協助？
□ 提供獨立使用策略的機會？
□ 提供在同儕合作學習中應用策略的機會？

其他的教學考量……
□ 是否教導學生成為有策略的閱讀者，可以適切地使用多元的策略（而不是一次只用一種策略）？
□ 是否審慎選擇教學用的文本來符應學生的需求、興趣，以及曾學過的策略？
□ 在規劃和實施閱讀理解教學活動時，是否激發學生的動機和參與？
□ 是否定期以多元的方式評量學生的閱讀理解技巧？

圖 2.8　**課室閱讀理解教學評量自我檢核表。**改編自 Duke 和 Pearson（2002）。Copyright 2002 by The International Reading Association

結語

　　關於閱讀理解評量最重要的概念，或許就是沒有一個測驗或方法應該單獨實施。最重要的是，實施不同閱讀理解方法時，需瞭解每個測驗要評量的是什麼、可以瞭解或不能瞭解什麼，以及每個方法的限制及優點（Klingner, 2004）。評量閱讀理解最好的方式是結合不同的評量方法。標準化測驗、非正式閱讀評量、訪談和問卷調查、觀察、重述、放聲思考等都有些許不同的目的，以及可以有助於以各自獨特的觀點來瞭解學生的優勢和需要協助的面向。透過結合不同的評量方法，我們可以瞭解更多有關於學生是否能閱讀段落、正確回答理解問題，或者學生在同儕之間的閱讀理解情形。我們可以探究學生內在的思考歷程，和瞭解學生使用得很好的、過度使用的、誤用的或不使用的策略之相關訊息。我們可以發現學生如何進行閱讀作業、如何帶入背景知識、根據什麼訊息來回答問題、是用回想或重讀文本來回答問題、是否和如何進行推理、如何確定生字的字義，以及如何幫助自己記得自己所閱讀的內容等。所有這些訊息對於規劃教學是有助益的。

　　應該經常評量閱讀理解，以做為追蹤學生進步和提供引導教學和診斷性決策的有效訊息的一種方式（Klingner, 2004）。有效地運用本章所介紹的評量工具，可以提供心理學者、教師和閱讀專家們深入瞭解學習障礙學生的閱讀理解技巧。此外，這些評量工具可以幫助閱讀困難者更能覺察自己正在使用的理解歷程。我們樂觀地認為，透過這個覺察的提升，學生將會成為更主動、有策略性、能回應的，和深思的閱讀者。

附錄 2.1　提示放聲思考

說明：

　　（說：）我想請你們閱讀雜誌的某一頁。當你們在閱讀時，請告訴我你們在想什麼：你們可以用西班牙語或英語來跟我說你們正在想什麼。

　　（做：）當你在下面的文本中看到畫星號的重點，或是學生暫停兩秒或以上時，要求學生說出自己正在想什麼。你可以幫助學生閱讀單字，但是不要解釋字義。此外，在學生回答之後，再提問「還有什麼呢？」來探查更多的訊息。注意：當你使用下列提問時，學生是閱讀實際的文本來回應的：

- 當我請你讀這時，你最先做的是什麼？
- 還有什麼？
- 關於你最先做的事，你在想些什麼呢？（註；教師在這裡要探查更多回應第一個問題的相關訊息。如：假若學生說「我在看圖畫」，你就要接著問「當你看著圖畫時，你在想什麼？」）
- 還有什麼？

本南人（The Penan）
住在瀕臨滅絕雨林中的垂死人們

　　旭日東昇，喚醒生活在世界上最古老的熱帶雨林之一的人們。接著，人們聽到早晨的第一個聲音。然而，啾啾鳥鳴和其他自然的聲音並沒有吵醒他們。吵醒他們的是吵雜的鋸子聲和砰然樹倒的重擊聲。

- 你在想什麼？
- 還有什麼？

　　那些人是本南人。他們住在婆羅洲的一個古老雨林中——靠近亞洲的一個島嶼。他們靠著種植水果、堅果和根莖植物，以及狩獵維生。本南人的生活方式正隨著熱帶雨林遭到摧毀。「當我聽到推土機和電鋸的聲音時，我好想哭，」本南族的領導人 Juwin Lihan 說。

- 你在想什麼？
- 還有什麼？

綠色淘金熱

大約 25 年前，伐木公司開始在婆羅洲砍伐雨林的樹木。伐木者稱這些樹為「綠色黃金」，因為這些樹非常值錢。他們砍伐樹木，做成紙張、筷子和其他產品。

- 你在想什麼？
- 還有什麼？

濫伐的結果，導致土地和河川受到污染。

- 「污染」這個字讓你想到什麼？
- 還有什麼？

「清澈的河川變成了奶茶的顏色，」環境專家 Mary Asunta 說著。然而，政府官員卻說砍伐對該地區是好的。他們指出，伐木公司為該地區創造了超過一萬個新的就業機會。伐木公司已經建造了新的道路和建築物。

- 你在想什麼？
- 還有什麼？

還我雨林

許多本南人根本不想要工作和道路。他們只要他們的雨林復原。「在雨林被摧毀前，生活很容易，」本南族領導人 Liman Abon 說：「如果我們想要食物，有野生動物可以獵殺。如果我們想要錢，我們會做籃子來賣錢。如果我們生病了，我們會吃藥用植物。」他說，現在這一切都沒有了。

- 你在想什麼？
- 還有什麼？
- 你現在可以停止閱讀。你會做什麼來幫助自己記住讀過的內容？
- 還有什麼？
- 你會做什麼來確認你瞭解閱讀過的內容？

- 還有什麼？
- 當你讀不懂第一次看到的單字或概念時，你會怎麼做？（註：如果學生回答前一個問題時，沒有自發性地談到單字，那麼你只需要問這個問題就好。）
- 還有什麼？

計分方法

提示放聲思考的等級是以數字來記錄的。學生可以在預讀的提問中得到總分 6 分。學生可以得分的部分包括腦力激盪出他們已經知道的，以及預測他們認為他們可以學到的。如果提到下列四項中的任何一個策略時，學生也可以得分，四項領域包括：看標題或副標題；看斜體字、粗體字或劃線的單字；看圖片或圖表；以及描述沒有用到的策略。

對於「閱讀時」的提問，學生可以在摘要「主旨」得宜或陳述主要概念時獲得 2 分，而重述則可得 1 分。回答要求學生辨識單字的問題時，以下列要點來計分：如果學生回答離題，則無法得分（即回答與故事或單字無關時）；如果學生沒有參照故事就直接辨識單字時，則可得 1 分；學生參照故事辨識單字，可得 2 分；如果學生的回答是沒有參照故事就對單字有所反應時，得 1 分；如果學生的回答是在參照故事時對單字有所反應，則可得 2分。

閱讀後的回應則在不同的計分表上計分。學生可以在每題閱讀後的提問中得到最高 2 分。如果學生提到下列任一策略時，可以得到 2 分：測試、摘要、提問、理解，或描繪大綱。有下列回應時則可以得到 1 分：問父母、查字典、問同學，或再讀一次。所有的分數相加後，每個學生可以得到最高 26 分的總分。

資料來源：Klingner 等人（2004）。

CHAPTER **3**

字彙教學

1. 在閱讀本章之前，詢問學習小組成員們目前如何加強學生的字彙知識，並將這些實務列成一張清單。閱讀本章後，回顧這份清單，想想你自己的字彙教學實務是否有需要改變或增加的地方。

2. 選擇一篇（本）你要求學生閱讀的文章（書籍），從中找出一些你可能會的關鍵字，並檢視為什麼你會選擇這些單字。閱讀本章之後，檢視你所選擇的這些單字，並想想是否會有所變更。

3. 思考你會如何將字彙教學融入於一天的教學中。閱讀本章後，想想你是否有可用來突顯字彙教學是你課程中的一個非常具特色面向的教學實務。

4. 找出你評量和監控學生字彙知識的方法。想想是否有其他你可能想開始實施的實務方法。

　　雖然字彙往往在教學中被忽視，然而字彙卻是閱讀理解的根本。這就是為什麼國家閱讀協會（National Reading Panel）（National Institute of Child Health and Human Development, 2000）和 RAND 閱讀研究小組（RAND Reading Study Group, 2002）兩機構要進行「字彙為理解閱讀的根本」的調查研究。理由很簡單，因為我們如果不知道文本中一定數量的單字，就無法理解文本。

　　下列提供給成人參考的例子中，可以讓我們瞭解知道字義對於理解文本有多麼的重要。

段落一
我們都瞭解在參考體（reference-body）的合適選擇下的「伽利略」式運作的時空域（space-time domains），即無重力的時空域。（Einstein, 1961, p. 77）

段落二
簡併星（degenerate stars）可能也是所謂行星狀星雲（planetary nebulae）的起因。早期從望遠鏡中首次看到的這些沉重光盤，曾被誤認為是行星。但它們沒有移動，也在太陽系之外；它們是氣態球體（gas spheres）和中心恆星吹落的物質。簡併星的核心（degenerate core），是塌縮的白矮星階段（white dwarf stage）。經推估，乃有一個持續對流疏通（convective dredging）的過程。（Hawkins, 1983, p. 236）

　　有可能這兩個段落的內容你都讀不懂。為什麼呢？因為像 "convective dredging" 和 "degenerate core"，可能不是你會的單字。而且，這些用詞都是專業用語，且有特定的意義，與物理和占星學有關，也和這些專業領域中的觀念和概念知識有關。例如，大多數人都不知道什麼是「白矮星階段」，儘管我們可能想像得出一些非常有趣的和不正確的圖像。再者，我們可能也不知道「白矮星階段」是否有之前和之後的階段，以及這些階段之間的關係。總之，所有文本中的字彙知識和概念知識都是閱讀理解的根本。

字彙教學如何促進閱讀理解？

不論教授何種領域的教師——數學、科學、歷史、生物或政治等領域，身為教師的主要責任之一，就是教導學生能夠理解他們所讀的內容和瞭解各學科專業術語的關鍵的字彙和概念。舉例來說，就數學而言，減（minus）、除（divided）和**面積**（area）等單字，具有讓學生能夠理解數學問題的特定意義。甚至，即使學生瞭解這些單字的一般性意義，他們還需要學習這些單字特定的學術意義。字彙教學是閱讀理解教學時不可或缺的，因為理解文本受到字彙發展的影響甚大（Baumann & Kame'enui, 1991; Graves, Brunetti, & Slater, 1982; Graves, 1989）。

如何評量和監控字彙學習？

我們如何能知道，當我們非常努力地提示、整合、教導和複習字彙的單字時，學生是否真正在學習呢？我們又如何能確定哪些單字是學生知道和瞭解的，以及哪些單字是學生略過不讀的呢？在閱讀的領域裡，可能沒有比字彙知識更難評量的。字彙不僅難以評量，且一般評量字彙的實務（例如：寫出單字的定義）通常不受教師和學生們喜歡，也無法讓我們清楚地知道學生究竟對這單字認識多少。

40 多年前，Dale（1965）提出了認識一個單字字義的階段論。當我們想要評量學生對字義有多少認識時，思考這些階段可能有所助益。

- 階段一：學生完全不認識這個單字——以前從來沒有看過或聽過。
- 階段二：學生曾經聽過這個單字，但不知道是什麼意思。
- 階段三：學生在上下文中聽到或讀到這個單字時，知道這個單字的一些概念。
- 階段四：學生非常瞭解這個單字。

Beck 和他的學習小組成員（Beck, McKeown, & Omanson, 1987）已經沿著一個連續體延伸這個「識字」（word knowing）：

- 不具備這個單字的知識。
- 具備這個單字的一般性概念。
- 受限於上下文中的窄化概念。
- 具備這個單字的知識，但未必能夠回想和隨時使用。
- 充分理解字義，以及和其他單字的連結。

　　教師可能會想要考慮以下列的問題類型和教學，做為「量測」（tapping）學生的單字知識的方法：

- **術語**（nomenclature）是什麼意思？
- 在句子中使用**奉承、諂媚**（obsequious）。
- **同質的**（homogeneous）的相反詞是什麼？
- **笨拙的**（gauche）的相似語是什麼？
- 舉例說明當一個人對錢**輕率**（frivolous）時，他（她）可能會做出什麼樣的行為？

　　對有閱讀困難的學生來說，這些單字不是因為他們不瞭解字義而覺得太難，就是曾經聽過這些單字，但對字義卻只有粗略的概念。Simmons 和 Kame'enui（1998）發現，比起一般同年齡的學生，10 歲和 12 歲的學習障礙學生比沒有學習障礙的同儕較少有延伸字彙。

　　諸如此類的單字有數十萬字。我們要如何瞭解學生認識哪些單字、正在學習哪些單字、必須學習哪些單字呢？如果我們有興趣要瞭解學生是否正在學習那些我們在語文、社會、科學課裡正在教的單字，我們該如何評量呢？

字彙評量

　　然而，字彙的評量和進步的監控對一般學生都是極具挑戰性的，對於學習障礙的學生來說，這些問題尤其大。對許多有閱讀困難的學生來說，書寫和拼字的困難會同時出現，因此，當測驗是需要透過書寫來量測他們所具備的概念知識

時，就會因為不瞭解字義，或不會寫單字而導致成績不佳。因此，在建構進步監控測量和使用更多的正式測量工具時，我們必須考量哪些知識和技能是這些測量工具要量測的。

廣泛地評估口頭語言時，通常會量測五大要素（Rathvon, 2004）：

● 音韻學（phonology）——辨識和產生語音（speech sounds）。

● 語意（semantics）——理解字義。

● 形態學（morphology）——使用及理解構詞形式（patterns），包括字根（roots）、字首、字尾和屈折語尾（inflected endings）。

● 句法（syntax）——使用正確的措辭（phrasing）和文句組織。

● 語用學（pragmatics）——使用語言進行有效的溝通。

就字彙教學的目的而言，我們最感興趣的是：瞭解學生是否具備語意和形態學的知識。那麼，什麼方法可以讓教師瞭解學生在獲得字義（語意）和使用構詞形式（形態學）的進步情形呢？正式的字彙評量（參見圖 3.1）通常要求學生指出最能代表指定單字的圖片。語句完成測驗（sentence completion measures）中，最常使用朗讀句子，以及要求學生選擇或舉出適當的漏字。Janet Allen（1999）建議，我們可以透過有意義的評量方式來評估學生對於字詞的理解。

▌運用課程本位測量來評量字彙

有些教師已經開始使用課程本位測量（CBM），來同時測量字彙和學科內容的學習。課程本位測量透過課程領域內的定期評量和持續追蹤學生的進步情形來監控進步（Deno, 1985；參閱第二章，課程本位測量和閱讀理解）。在最近的研究中，Espin、Shin 和 Busch（2005）使用課程本位測量字彙測量（CBM vocabulary measure）來追蹤中學生在社會科的學習情形。每週評量時間約 5 分鐘，包括從 146 個必學的字彙用語清單中隨機選出的 22 個單字及其定義，並要求學生進行每個用語和定義的配對。上述作者們發現，透過監控學生在字彙配對評量上的進步情形，可以適切地評量社會科的內容知識。在這項研究中使用的課

統整和意義使用教學的評量

單一定義　　　　　　　　　　　　　　比喻

例 1

騎士（jockey）是　　　牛仔　　　　　你最可能看到騎士　　賽馬場

　　　　　　　　　　　華爾街上班族　的地方是　　　　　　母牛牧場

　　　　　　　　　　　賽馬選手　　　　　　　　　　　　出售屋

　　　　　　　　　　　家具運送員　　　　　　　　　　　郵局

例 2

閱讀下列句子，並回答問題：

當老師聽到學生不再和以前的朋友來往時，老師讚賞學生做了很好的抉擇。

你認為，老師對於學生的朋友是怎麼想的呢？

例 3

本週單字中的四個單字：adolescents（**青少年**）、gangs（**成群結隊**）、irresponsible（**不負責任**）、irrational（**不理性**）。

如果我將這四個單字組合成下列這段描述：「如果你找到一份和青少年一起的工作，你可能會有成群結隊、不負責任和不理性行為的麻煩出現。」我做了什麼良心不安的事情？

例 4

本週目標單字之一是 preposterous（**十分荒謬的**）。什麼樣的在校行為在校規中被認為是十分荒謬的？

例 5

本週討論的概念是 prejudice（**偏見**）。我們可以如何使用這個單字的字首和字根來幫助我們瞭解字義呢？

例 6

我們已經學過 balance（**平衡**）的概念。想要在生活中尋求平衡的人可以怎麼做呢？

例 7

本週的四個目標詞是 pollution（**污染**）、population control（**人口控制**）、public transportation（**公共交通**）和 pesticides（**殺蟲劑**）。用什麼方式可以將這些用語連結成一個較大的概念呢？

圖 3.1　如何以有意義的方式評估單字理解？轉載自 Allen（1999）。Copyright 1999 by Stenhouse Publishers

程本位測量，測量包括字彙獲得和社會科的內容兩項，更進一步地支持字彙知識和內容學習兩者的連結。

或許，評估字彙的第一步，應是確認學生已經知道單元或故事中的哪些基本字彙。運用以下的步驟來確認學生對字詞的瞭解：

1. 回顧這個單元或故事。挑選出學生為了理解故事必須要知道的關鍵字。如果相關的關鍵字數量不多（三個到五個），就再選出可能不是理解故事所需，但可以增加學生字彙的難字。

2. 思考是否有分類字詞的方法。可以基於一些字詞連結的形式來進行分類，例如：如果是製造業的單元，所有跟商品生產有關的關鍵字就可以歸成一類；如果是閱讀故事性的敘事文本，所有描述故事角色的關鍵字就可以歸成一類。

3. 對學生朗讀這些關鍵字，並示範單字的分類。請學生說出為什麼這些關鍵字可以歸在同一類。透過延伸和連結學生的字義概念，以及他們和文本的關係，來回饋學生的回應。

4. 接著，請學生和一位同學合作，腦力激盪尋找關鍵字，或描述和說明所選的這些關鍵字的聯想。

5. 請學生分享他們所選的字詞和聯想。如果學生提供的訊息和所選的關鍵字無關，或有所誤解的話，務必記得跟學生澄清說明。

大部分教師感興趣的是瞭解學生是否學會許多他們教過的關鍵字。雖然，這情況很多樣，但是當教育者需要知道更多關於學生的字彙的訊息時，他們就必須更進一步瞭解學生的字彙問題是大或小。瞭解學生字彙的相關成就表現的最佳方法即是，瞭解在標準字彙測量中和同年齡或同年級學生相比較的相對表現情形。

是否有標準化字彙測量（standardized vocabulary measures）呢？有的，字彙的標準化測驗（standardized tests）可以由教師自行實施，提供有關學生和同儕相比的相對位置的訊息。這些測量通常是個別施測的，但是也有一些團體施測的字彙測量。表 3.1 為標準化字彙測量的概覽，包含了是否為個別或團體施測、每項測量的適用年齡、心理測量特性，以及如何取得關於測量的其他訊息。

表 3.1 字彙測量工具

名稱	出版者	團體／年齡	施測方法	評量	心理計量	其他
單字測驗－2：小學和成人（The Word Test-2: Elementary and Adolescent）	PRO-ED	6 歲和以上	個別	評量表達性字彙和其他重要的語意功能；有六個分項測驗。	信度－內部一致性：折半信度 .91；無重測效度。效度：相關的內容效度訊息有限。	測驗時間：30 分鐘
成人語言篩檢測驗（Adolescent Language Screening Test, ALST）	PRO-ED	11 至 17 歲	個別	以七個分測驗測量表達性和接受性字彙。	效標參照；無資料顯示效度和信度。	測驗時間：10-15 分鐘
表達性單一詞語圖畫字彙測驗—2000 版（Expressive One-Word Picture Vocabulary Test—2000 Edition, EOWPVT-2000）	PRO-ED	2 歲 0 個月至 18 歲 11 個月	個別	透過單字一圖畫關聯來測量表達性字彙。	信度－內部一致性：α 值 .93-.98（中數 .96）；折半信度 .96-.99（中數 .98）；重測信度 .88-.97。評分者間信度高。效度：與其他測驗有高度相關，範圍為 .67-.90。	測驗時間：10-15 分鐘
表達性字彙測驗（Expressive Vocabulary Test, EVT）	PRO-ED	2 歲 6 個月至 90 歲以上	個別	測量表達性字彙。	信度分析指出具高度的內部一致性：折半信度 .83-.97；α 值 .90-.98；重測信度 .77-.90。	測驗時間：15 分鐘

（續）

表 3.1　字彙測量工具（續）

名稱	出版者	團體／年齡	施測方法	評量	心理計量	其他
接受性單一詞語圖畫字彙測驗—2000版（Receptive One-Word Picture Vocabulary Test–2000 Edition, ROWPVT-2000）	PRO-ED	2歲0個月至18歲11個月	個別	評量接受性字彙。	信度—內部一致性：α值.95-.98（中數.96）；折半信度.97-.99（中數.98）；重測信度.78-.93（中數.84）。評分者間信度非常高。效度：內容使用項目分析，與其他字彙測驗分數有密切相關的效標關聯效度（.44-.97，中數.71），以及建構效度（平均相關.34-.83）。	測驗時間：10-15分鐘
接受和表達性字彙的閱讀理解測驗（Comprehensive Receptive and Expressive Vocabulary Test, CREVT-2）	PRO-ED	4歲1個月至89歲11個月	個別	使用兩個分測驗測量表達性和接受性字彙。	信度：α值.80-.98（中數.93）；複本信度（立即）.87-.98（中數.94）；重測信度.93-.98（中數.95）。複本信度（延遲）.88-.99（中數.95）；評分者間信度.97-.99（中數.99）。效度：內容描述使用分測驗項目分析、常規項目分析和項目功能差異分析、效標預測信度（.39-.92）、建構鑑別。	測驗時間：20至30分鐘

（續）

表 3.1　字彙測量工具（續）

名稱	出版者	團體／年齡	施測方法	評量	心理計量	其他
接受性—表達性萌發語言測驗—第三版（Receptive-Expressive Emergent Language Test—Third Edition, REEL-3）	PRO-ED	出生至 3 歲	個別	透過照顧者實施兩個分測驗，來測量接受性和表達性字彙。	信度：α 值 .95-.98；重測信度 .78-89；評分者間信度（中數 .99）。效度：內容描述使用分測驗項目分析、項目功能差異分析、效標預測效度、建構鑑別，和分測驗內在相關。	測驗時間：20 分鐘
青少年成就診斷測驗—2（Diagnostic Achievement Test for Adolescents-2, DATA-2）	PRO-ED	7 至 12 年級	NA	測量接受性和表達性字彙。	信度：α 值 .84-.98。標準差或測量標準誤（SEM）。效度：內容信度、效標信度，和建構信度。	測驗時間：60-120 分鐘
圖畫式智力測驗—2（Pictorial Test of Intelligence-2, PTI-2）	PRO-ED	3 至 8 歲	個別	測量接受性字彙。	信度強調使用係數 α 值（.89-.94）、重測信度（.57-.91），以及評分者間信度（.95-.98）。效度內容描述使用常規項目分析、項目功能差異分析、效標預測效度，和使用分測驗項目效度因素分析的建構鑑別。	測驗時間：15-30 分鐘

（續）

表 3.1　字彙測量工具（續）

名稱	出版者	團體／年齡	施測方法	評量	心理計量	其他
愛荷華教育發展測驗（Iowa Tests of Educational Development, ITED），A 型	Riverside	9 至 12 年級	NA	使用同義字測量接受性字彙。	信度：.87-.94。效度：內容效度、效標關聯效度、建構關聯效度。	測驗時間：＜ 40 分鐘
愛荷華基本技能測驗（Iowa Tests of Basic Skills, ITBS），A 型	Riverside	K-8 年級	團體	透過從清單中選擇符合的圖畫或字詞，來測量接受性字彙。	信度：KR-20 .85-.98，SEM 整體信度高。效度：內容效度、建構效度：內在相關和效標關聯效度。	測驗時間：＜ 40 分鐘
成就和能力測驗（Tests of Achievement and Proficiency, TAP），K、L 和 M 型	Riverside	9 至 12 年級	團體	使用同義字來測量接受性字彙。	信度：KR-20 .85-.95，SEM：測量標準誤。效度：內容使用分測驗，不適應性建構效度，和效標效度。	測驗時間：90-275 分鐘
尼爾森─丹尼閱讀測驗（Nelson-Denny Reading Test）	Riverside	9 至 12 年級、大學和成人	個別	測量接受性字彙、閱讀理解和閱讀速度。	信度：字彙分測驗之重測信度 .89-.95。	測驗時間：～ 35 分鐘

（續）

表 3.1　字彙測量工具（續）

名稱	出版者	團體／年齡	施測方法	評量	心理計量	其他
試驗性教學策略之閱讀診斷評量（Diagnostic Assessment of Reading with Trial Teaching Strategies, DARTTS）—使用閱讀診斷評量（Using Diagnostic Assessment of Reading, DAR）	Riverside	NA	NA	測量接受性和表達性字彙。	無	測驗時間：20-30分鐘
團體閱讀評量和診斷性評估（Group Reading Assessment and Diagnostic Evaluation, GRADE）	AGS	PreK 至成人	團體	包括字彙分測驗測量。	信度：內部信度.95-.99；複本信度.81-.94；測信度.77-.98；測量內容效度。	測驗時間：45-90分鐘

（續）

表 3.1　字彙測量工具（續）

名稱	出版者	團體／年齡	施測方法	評量	心理計量	其他
畢保德圖畫字彙測驗—第三版（Peabody Picture Vocabulary Test—Third Edition, PPVT-III）	AGS	2歲6個月至90歲以上	個別	測量接受性字彙。	信度—內部一致性：α值.92-.98（中數.95）；折半信度.86-.97（中數.94）；複本信度.88-.96（中數.94）；重測信度.91-.94（中數.92）。效度：與OWLS聽力理解量表平均相關係數為.69（內部一致性.84、重測信度.76）和OWLS口語表達量表之相關為.74（內部一致性.87；重測信度.81）、與測量口語能力的測驗之相關為.91（WISC-III）、.89（KAIT）、和.81（K-BIT字彙）。	測驗時間：10-15分鐘
表達性字彙測驗（Expressive Vocabulary Test, EVT）	AGS	2歲6個月至90歲以上	個別	使用單字詞回應和圖畫辨識，來測量表達性字彙。	與PPVT-III合作建立常模。信度：具高度內部一致性：折半信度.83-.97（中數.91）；α值.90-.98（中數.95）；重測信度.77-.90。中位數SEM：4.6。效度：包括內在相關、效標關聯效度和臨床樣本。	測驗時間：～15分鐘

（續）

表 3.1　字彙測量工具（續）

名稱	出版者	團體／年齡	施測方法	評量	心理計量	其他
伍德科克閱讀精熟測驗－修訂版－標準更新（Woodcock Reading Master Tests－Revised－Normative Update, WRMT-R/NU）	AGS	K至16年級；5歲0個月至75歲以上	個別	測量使用同義字和反義字的接受性詞彙。	信度：內部一致性.68-.98（中數.91）；折半集群中數.95（.87-.98）；總中數.97（.86-.99）；無重測信度。效度：無評分者間信度。效度：包括內在相關效度、內容效度和同時效度。	測驗時間：10-30分鐘
強森基礎視覺字彙測驗（Johnson Basic Sight Vocabulary Test）	Personal Press	1和2年級	團體	使用刺激物和雙字詞單字，來測量接受性字彙。	無信度和效度資料。	測驗時間：30-45分鐘
聖得樂－方克字彙測驗（Sandler-Futcher Vocabulary Test）	Bureau of Educational Measures	9至13年級	團體	使用單字與定義的配對、同義字和正確用法，來測量接受性字彙。	信度：折半信度。無任何相關資訊。無複本信度。效度：內容效度，無效標關聯。	測驗時間：40-45分鐘
字彙理解量表（Vocabulary Comprehension Scale）	Learning Concepts	2至6年級	個別	透過行動／成就作業，來測量表達性字彙。	無信度相關資料。無效度研究。	測驗時間：20分鐘
高中生和大學新鮮人字彙測驗（Vocabulary Test for High School Students and College Freshman）	Bobbs-Merrill	9至13年級	團體	使用情境單字來測量接受性字彙。	無	測驗時間：～15分鐘

（續）

表 3.1 字彙測量工具（續）

名稱	出版者	團體／年齡	施測方法	評量	心理計量	其他
字彙測驗：McGraw-Hill 基本技巧（Vocabulary Test: McGraw-Hill Basic Skills）	McGraw-Hill	11 至 14 年級	團體	使用字義和字根和詞綴，來測量接受性字彙。	無	測驗時間：12 分鐘
字詞理解測驗（Word Understanding Test）	Hoepfner, Hendricks, & Silverman Monitor	6 至 12 年級	團體	使用同義字選擇題，來測量接受性字彙。	信度─內部一致性：內部相關 .83。效度：「應該由使用者自行驗證」。	測驗時間：8 至 10 分鐘
字詞知識測驗（Test of Word Knowledge）	Psychological Corporation	5 至 17 歲	個別	測量接受性和表達性字彙。	信度─內部一致性：.84-.95；評分者間信度 .90-.99。效度：內容效度、使用分測驗之間的內在相關的建構效度、效標關聯效度。	測驗時間：31 分鐘（第一級）；65 分鐘（第二級）
貝立圖畫字彙測驗（Beery Picture Vocabulary Test）和貝立圖畫字彙診斷系列（Beery Picture Vocabulary Screening Series）	Psychological Assessment Resources	2 至 12 年級；2 歲 6 個月至 39 歲 11 個月	個人或團體	測量字彙的回想。	信度─內部一致性：評分者間信度 .90；重測信度 .73-.95；無 KR-20。效度：內容效度、建構效度，和效標關聯效度。	測驗時間：每個測驗各 10 分鐘

什麼是促進字彙獲得的最佳做法？

儘管教師們可能進行一些跨學科的字彙教學，然而，比起單單只用回想單字意義的週測驗來發展對單字的深入理解，面臨到的挑戰卻是，如何提供有意義的學習機會以便讓學生可以學得更好，使學生能跨上下文的應用他們的理解。

為了保持與同儕同樣的程度，學生每年必須學習 2,000 到 4,000 個新單字（Graves, 2004），換句話說，大約每週要學會 40 到 50 個新單字。而且一個單字約需練習 12 次，才能熟練到足以提升閱讀理解（McKeown, Beck, Omanson, & Pople, 1985）。「字彙知識，是從第一次有意義的接觸一個單字到具備完整且靈活的知識而逐漸成長」（Stahl, 2003, p. 19）。有著這個教學挑戰的心理準備，教師則必須提供廣泛的新字彙經驗，以使學生能夠用有意義的方式學習新單字。

針對身心障礙學生（students with disabilities）的字彙教學應該有所不同嗎？或所有的策略都會同樣奏效呢？雖然許多策略對於不同能力的學生都是有效的，但是在一份針對少部分的身心障礙學生字彙教學文獻的回顧報告中強調了身心障礙學生字彙教學的幾種策略（Bryant, Goodwin, Bryant, & Higgins, 2003; Jitendra, Edwards, Sacks, & Jacobson, 2004）。獲得正向結果的策略包括：

- 助記符（mnemonic）或關鍵字策略，可提供連結目標詞的語音或圖像。
- 字義的直接教學（例如，說明定義、給予同義詞）。
- 概念強化法，幫助學生建構認知連結（例如，語意或概念構圖 [concept mapping]）。

一般而言，正規教學（每週數次）的時間都是很短的，這表示教師不需要投入大部分的教學時間來教導學習障礙學生學習字彙。此外，最有效的策略包括激勵學生主動學習單字和字義的某種形式的字彙單字的練習，以及提供結構化的練習時間。因此，學習障礙學生的字彙教學不應只侷限於單一策略，而應結合各種方法（例如，直接教學法和助記符策略）以最大限度地提高單字的學習（Bryant

et al., 2003）。再者，如同任何一種教學，字彙教學策略的類型應體現教學目標
（Jitendra et al., 2004）。例如，直接教學法最適合應用在介紹新字彙，而理解和
歸納則建議應用在概念強化的活動中。

　　針對不同能力學生的字彙教學研究證實下列的教學要素可促進新單字習得
（Graves, 2000）。以下將分別介紹這些教學要素，以及一些已經針對學習障礙
學生研究過的重要策略。

- 選擇要教的關鍵字。
- 提供定義以幫助單字學習。
- 使用助記符或關鍵字策略。
- 充分練習造句。
- 教導與主題或概念相關的單字。

▌選擇要教的關鍵字

　　由於有許多的單字要學，因此教師們提出的基本問題之一是，如何選擇哪
些單字來教。請以一個字彙充分發展的成人來思考。Beck 和 McKeown（1983;
Beck, McKeown, & Kucan, 2002）將一個人的字彙分為三個層級。第一層級包括
普遍使用和理解的單字，如：person（人）、talk（談話）、begin（開始）。這
些單字是學生經常會遇到的，所以通常不需要在學校「教」這些單字。然而，即
使是第一層級的字詞，仍有一些學生不認識（例如，身心障礙學生或英語學習
者）。教師不能假想所有的學生都熟悉第一層級的單字，應該使用評量方法來判
定如何選擇必須直接教授的單字的類型。

　　第二層級的單字是由一個成熟成人的字彙中所不可或缺的單字所組成，因為
這些單字在整體情境中頻繁地被使用。Stahl 和 Stahl（2004）把這些詞稱為「金
髮姑娘」（Goldilocks），因為這些單字都不是太難或太簡單，而是難易適中。
然而，這些單字較多是使用在書面文本而不是口語上，因此，可能是學生不熟悉
的。第二層級的單字如：prominent（卓越的）、conscientious（兢兢業業／負責

任的）、beguile（欺騙）、belligerent（好戰）。第二層級的單字往往需要透過教學來加強。第三層級包含一般較不常使用的特定領域中的低頻字。通常只有在特定的情境中必須使用這些單字時來學習這些單字才具有意義。舉例來說，儘管科學家需要對 genotype（基因型）這個字有較深且廣的理解，但是，對大多數人來說，在遺傳學的科學單元中，學習什麼是基因型可能較為適切，且在該學科領域中應用就足夠了。

一旦你從文學作品或學科課程中選擇了學生必須瞭解的關鍵字，就會有許多教授這些關鍵字的方法。然而，儘管實際上可能會對所有的學生教授相同的單字，但是，一篇字彙教學技巧的評論則建議單字清單應該個別化（personalized）（Blachowicz & Fisher, 2004）。教師通常會列出一份要教授的關鍵字的核心清單，然後才將核心清單個別化（增加額外的單字，或是強調較少的單字）以符應個別學生的需求。接下來將探討一些已獲研究支持的教學實務。

提供定義以幫助單字學習

介紹新單字可引發學生的興趣，且有時是令人興奮的。字詞介紹（word introductions）（Beck et al., 2002）的焦點，是老師以搭鷹架的方式，使用多元的例子來提供新單字的意義性解釋，其程序說明如後：

1. 如果可能，在選出該單字的故事或讀物的上下文中提示這個單字。
2. 請學生重述並寫出這個單字。
3. 提供一個學生可理解的單字解釋，透過：(a) 使用學生可以理解的日常生活用語來描述這個單字；(b) 使用相關聯的語文表達來描述這個單字在不同情境下的使用，而不是只用一些（缺乏脈絡且難以記憶的）單字或片語來說明；以及 (c) 包括使用「你」、「某事」、「某人」等來幫助學生連結新單字和他們自己的生活。
4. 透過舉出自己的例子，請學生連結他們所知道的。老師請學生「說說看你可能想要做的事情」。老師通常必須提問更多問題，來引導學生舉出和文本的

情境或老師的舉例不同的例子。

5. 請學生再次唸讀這個單字，以連結這個單字的音韻表徵（phonological representation）。

　　真正知道和理解一個新的單字，需要透過聽到他人怎麼說、看到在書裡怎麼用，以及自己使用看看，來頻繁地和持續地接觸。許多學習障礙學生需要持續地接觸和使用新的單字，以確保他們瞭解和記住這些單字的意義和使用方式。

　　已獲得正向結果的其他建議包括：提示學生所熟悉的關鍵字或提供其同義字或反義字。同樣地，當學生試著揣摩一個單字在不同文脈中的字義時，提供例句和非例句可以幫助提升理解。方法之一是，提供學生描述同一個關鍵字的兩個相似句子，其一是單字定義的例句，另一個則是非例句（Beck et al., 2002）。下列的示例中，為學生示範「encourage（鼓勵）」這個單字的例句和非例句。

例句

在上場打擊前，喬伊的隊友告訴他：他是一位好的打者，而且他可以打點得分。

非例句

喬伊的隊友告訴他，這次要打點得分，否則他們將輸掉這場比賽。

　　如果學生使用字典或其他提供定義的資源（例如，通常會提供的關鍵用語定義的科學或社會科教科書的側邊欄），那麼請學生用自己的話重寫一次定義，也是有所幫助的。一旦學生有過定義單字的經驗，他們就可以用下列的提示舉出該單字的例子，如：「說一說你會在何時鼓勵別人」、「鼓勵一個感到沮喪的人時，你可能會怎麼說？」學生在學習新的單字時所參與的初期活動是非常重要的，因為這些活動具有激發學生的興趣（或者無法），以及為學習單字時而複雜且多樣的字義奠定基礎的可能性。

使用助記符或關鍵字策略

助記符或關鍵字策略是幫助學生記住新單字定義的記憶策略。學習障礙學生可以從透過將熟悉的關鍵字或圖像與新詞（novel word）連結所產生的關聯性中受益（Bryant et al., 2003; Jitendra et al., 2004）。雖然助記符可用於多種記憶作業中，但我們強調的是 Mastropieri 和 Scruggs（1998）所介紹的具體促進字彙習得的策略。在此策略中，聯想（association）是在新單字（例如，trespass［非法入侵］）和一個熟悉但不相關的單字（例如，tiger［老虎］）之間所產生的。在這種情況下，老師創造一個老虎闖入校園的圖像（image），並向全班展示。

老師：非法入侵的關鍵字是什麼？

學生：老虎。

老師：是的，老虎就是非法入侵的關鍵字，非法入侵意謂著進入一個你
　　　不應該進入的地方。這裡有一張老虎非法入侵校園的圖片。老虎
　　　是不應該進入校園的。所以當你想到非法入侵這個字，就會想到
　　　老虎和想起老虎非法入侵校園的這張圖片。

值得一提的是，教師創造的和學生創造的助記符圖像，兩者對於學習新單字的定義都是有效的。然而，學生創造圖像會耗費較多的時間，且需要仔細的監控和回饋（Mastropieri & Scruggs, 1998）。

充分練習造句

教師常常會要求學生使用剛學的單字來造句。透過讓學生積極投入在自己已經完成的句子裡，來充分地利用這些造句。當學生接觸和應用新單字時，也會增加他們對單字的理解與記憶（例如：Blachowicz & Fisher, 2004; Bryant et al., 2003）。

- 透過比較在不同句子中，以及對單字學習最有用的句型中關鍵字的意義，來討論學生使用關鍵字所造的各種句子。接著，學生可以選擇幫助他們記住該單字的句子，也可以在自己的筆記本裡記下那個例句。以 ripe（成熟）這個單字為例，如你從以下的例句中可見的，前三個句子包含了「成熟」這個單字的不同意義，但是，第四句是不被接受的，因為它沒有提供搜集該單字意義的足夠訊息。

1. If you pick the banana from the tree before it is ripe, it will be green and taste terrible.

   如果你在香蕉成熟前就從樹上摘下的話，香蕉是綠色的，而且吃起來的味道會非常可怕。

2. The old woman lived to the ripe age of 95.

   老婦人活到 95 歲高齡。

3. After studying all week, the students were ripe to take the math test.

   經過一週苦讀，學生們足以通過數學考試。

4. The peach is ripe.

   桃子已經成熟。

- 造句的另一種變化是，要求學生在一個句子中使用一個以上的新單字。如此一來，學生能夠將新單字相互連結，以及自我挑戰在類似的情境脈絡中正確使用這些新單字。學生也喜愛使用一組關鍵字來創作故事，以及分享相同的單字如何創作出這些不同的故事的樂趣。

- 讓學生設計新單字填空活動。學生可以設計有五個新單字的五個句子，然後請同學們「做」他們的活動。如果定義不夠清楚明確，學生們就一起設計有更好解釋的句子。針對正確使用和促進理解的不錯的句子給予回饋，是任何造句或故事創作活動過程中的一部分。

教導學生在閱讀時監控對難字的理解

學生可能無法辨識他們在閱讀時無法理解的某些單字或概念。學生可以學習

在閱讀時辨識難字，有時被稱為「咚」，然後使用「修復」（fix-up）策略來修補自己的理解（Klingner et al., 2001）。修復策略提示學生使用字級技巧（word-level skills）（例如，拆解單字和尋找你知道的簡單的單字）或語境線索（例如，沒有停頓地閱讀句子來看單字的意義）來協助他們在閱讀過程中理解字義。在閱讀時，學生使用修復策略來獲得足夠的訊息以修補理解。然而，要協助學生獲得重要單字的深入知識，教師必須提供額外的指導和練習的機會。要瞭解有關更多使用修復策略的訊息，請參閱本章末的教學計畫示例和第六章的「合作閱讀策略」一節。

教導與主題或概念相關的新單字

建構字義的概念表徵幫助學生進行新單字、既有的知識和學校教過的概念之間的連結（Stahl, 1999）。對於學習障礙學生來說，使用這些概念提升策略，對未來要學習和記憶新單字，比單獨使用直接教學法或其他許多傳統策略──例如查找字典裡的定義等，更為有效（Jitendra et al., 2004）。在許多用來建構新單字之概念表徵的教學實務中，我們將介紹澄清表（clarifying tables）、語意地圖（semantic maps）、概念構圖（concept maps）和維恩圖（Venn diagrams）。

● 澄清表（Ellis & Farmer, 2005）幫助學生組織重要字彙的訊息，以及持續追蹤記錄他們已學過的單字（如，在筆記本裡寫下重要的單字）。教師可能會提示一個將會在文學作品或學科教科書中讀到的單字，然後在讀到這個單字之後，和學生一起完成澄清表。在下面的例子中，諷刺（mockery）這個單字是瞭解 Mary Norton 所著《漂流的借用人》（*The Borrowers Afloat*）裡 May 太太這個角色所不可或缺的。這本是班級讀書會的選書。圖 3.2 是澄清表的一個例子，由一群四年級學生和他們的老師共同創建的，用來幫助他們學習和記憶諷刺的意義。

詞語：諷刺（mockery）		
定義：以模仿或戲謔來侮辱或輕視（名詞）		
文本示例： Beguid 先生總是有些擔心 May 太太會諷刺他所說的話。 **容易混淆的字：** 稱頌（tribute）—對他人表示尊敬或尊崇	**澄清：** ● 諷刺畫（caricature） ● 滑稽戲（farce） ● 開玩笑的意思（mean joking） ● 取笑（making fun of）	**真實生活中的示例：** ● 「週六夜現場」節目中的總統諷刺劇 ● 模仿某人結結巴巴說話的樣子 ● 萬聖節裝扮成「過氣的」電影明星
例句：新老師被學生以諷刺她的南部腔羞辱。		

圖 3.2　澄清表。轉載自 Vaughn、Bos 和 Schumm（2007）。Copyright 2007 by Pearson Education

● 語意地圖是用來幫助學生學習重要單字，以及連結相關的關鍵字和概念。語意地圖通常像是使用連結線連結成的網絡。教師可能在閱讀前帶領一個語意地圖活動，以介紹關鍵字詞、活絡先備知識，以及當作起始評量（preassessment）。此外，語意地圖也可以用在閱讀後，總結及回顧關鍵字詞和概念，以及非正式評估學生的理解。圖 3.3 是閱讀一章「埃及」文章後所建構的語意地圖。語意地圖呈現出許多關鍵字和概念，並且讓學生看到這些概念之間是如何產生關聯。

● 如果教學目標是定義或澄清關鍵概念的意義，教師就可以選擇使用概念構圖。如同澄清表或語意地圖一樣，概念構圖是以視覺化方式來呈現和特定概念相關的用語之間的關係（例如：身體部位、海洋、遷移）。概念是透過小組討論鼓勵學生分享個人的專家意見發展而來（Stahl, 1999）。例如，在發展**季節**概念時，某位學生可能已經具備季節的知識（秋、冬、春、夏），而其他學生可能瞭解一些有關地球繞太陽運轉的知識。建立相關字彙用語之間關聯性的歷程，對字彙量不多或概念理解有限的學生來說，是特別有助益的；這些學生需要連結和加深理解的協助。建構概念構圖的方法很多。在一項研究中，一位老師和她的學生建構了一個有關「種族主義」（racism）概

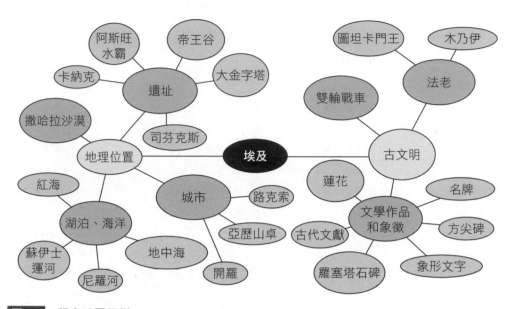

圖 3.3　語意地圖示例

念的概念構圖（Scott & Nagy, 2004）。他們分組討論種族主義，並以視覺化
方式呈現。這位老師也增加一些學生學習種族主義相關概念時的基本關鍵用
語。然後，學生使用在最初的構圖活動中所定義的字彙用語，創作出呈現他
們自己的種族主義概念的海報。

一般而言，概念構圖的發展步驟如下：

1. 選擇一個關鍵概念。
2. 列出關鍵概念，並要求學生腦力激盪想一想與概念相關的單字。
3. 將單字分類，並繪製概念構圖。
4. 透過帶領討論定義關鍵字的各種意義和使用、發展主題，以及提出結論來持
   續使用概念構圖。學生還可以延伸概念構圖的使用，透過完成如前面提過的
   種族主義海報的方案，以及使用這些概念構圖做為測驗的學習指引，或做為
   學習新概念時的參照。

對於年紀較小的兒童來說，在概念構圖中引導類別發展的準備是非常有

幫助的。例如，引導**天氣**概念的標題，可能包括**降水**（precipitation）、**測量**（measurement）和**型式**（patterns）。年紀較大的學生可能較善於集思廣益、腦力激盪地想出單字，然後在老師的協助下，依類別予以分類。圖 3.4 為發展**節肢動物**（arachnid）一詞的概念構圖示例。

什麼是節肢動物？
蜘蛛？
？
？

有關節肢動物的描述：
・八隻腳
・卵生
・無脊椎動物
・60,000 種，不是只有蜘蛛
・有些很兇猛

節肢動物

和什麼不一樣？
螞蟻
昆蟲
脊椎動物

有哪些是節肢動物？
・黑寡婦（紅斑寇蛛）
・長腳蜘蛛
・狼蛛
・蝨子
・蠍子

圖 3.4 部分完成的概念構圖。學生們原本以為「節肢動物」就是蜘蛛。在導讀之後，概念構圖發展到包括其他物種（例如，蝨子、長腳蜘蛛、蠍子），且對各物種有較詳細的訊息。然後，班級中分成幾個小組，各自選擇一種節肢動物進行深入研究

● 比較和對比的方法提供了延伸對一個主題或概念的相關關鍵字理解的另一種方式。學生可以畫出比較和對比兩個或更多的概念的維恩圖。參照圖 3.5，**殘酷**（cruelty）和**壓迫**（oppression）的維恩圖範例。

概念構圖、維恩圖和其他概念呈現方法被廣泛地應用在教室中，藉以讓學生理解各種課程目標。然而，字彙教學的重點是發展對與這些重要概念相關的關鍵

字的理解。例如，維恩圖可以用來比較和對比學生們讀過的殖民美國的兩本小說。而不同的維恩圖或其他概念表示法（或者，可能是同一種）也許會被用來強調和討論與殖民美國和歷史研究有關的特殊用語，在一般情況下，那是學生理解時必不可少的。

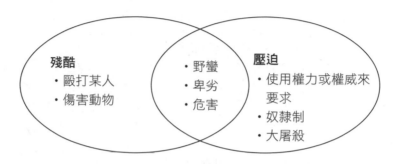

圖 3.5　維恩圖：「殘酷」vs.「壓迫」

教導獨立學習單字的策略

　　獨立的單字學習策略（independent word-learning strategies）是教師能夠為學生示範的技巧，並透過提供有給予回饋的練習機會來協助學生使用。單字學習策略包括：(1) 有效使用字典、同義字辭典（thesauri）和線上單字資源；(2) 分析單字部件——字首、字尾、字根和複合詞（compounds）；以及 (3) 使用語境線索來識別不認識的單字的意義。這些單字學習策略分別說明如後。

資源的有效運用

　　在課堂實務中，查找新的字彙單字並寫出字典中的定義是常見的做法，但也經常被誤用。字典如果無法幫助學生理解字義，那麼也是無用的。教導學生如何理解縮寫、斜體和字典定義的通用格式，在不同階段使用不同的字典，以及讓學生編寫包括定義、詞性（parts of speech）、例句等的自己的生字字典，來幫助學生使用這個有用的工具。同樣地，當教導學生如何找到和使用資源的特定訊息時，使用同義字辭典來查找單字的同義字（synonyms）和反義字（antonyms），

甚至是使用網路資源，都可以是很有價值的學習活動。

單字分析技巧

越來越多的研究支持在單字學習時使用語素（morphemic）和單字分析（word analysis）技巧。例如，教導技巧能力不等的五年級學生單字分析技巧，提升了他們在社會科課程中的單字學習（Baumann, Edwards, Boland, Olejnik, & Kame'enui, 2003）。然而，這項研究的作者提醒我們，由於這項技巧只能應用在已經學過的特定詞綴所衍生的特殊單字上，所以它應只是在學生遇到一個不懂的單字時，能夠使用的多種策略的其中一種。此項教學包括教導單字部件（word-part）的意義，以及拆解單字部件和組合部件的技巧，來瞭解不認識的單字的意義。

關於分析單字的各種部件，字首或許是最值得教的，因為雖然字首出現在許多單字裡，但相對地卻很少教到和學到。字首的拼法是相當一致的，而且它們總是在單字的開頭就可以看到（Graves, 2004）。事實上，英文裡的 20 個字首出現在 97% 的單字裡（White, Sowell, & Yanagihara, 1989）。例如，字首 dis- 意謂著「分開或不」的意思；disrespect（不敬）的意思是 not respected（不被尊重的）。但是，字首仍有一些缺憾。首先，有些單字使用字首拼法，但是卻不當作字首使用。例如，pre- 在單字 predetermined 中的意思是之前（before）的意思，但是在單字 present 裡卻不是。此外，有些字根是不具任何意義的，或者因為缺少字首而有不同的意義，所以擁有字首的知識仍然不能幫助閱讀者瞭解不認識的單字。如同單字 invert（顛倒）的例子，其中的拉丁字根 vert 的意思是轉（turn），除非熟悉拉丁文，否則 vert 字根並沒有太大的幫助。Graves（2000）建議，如果字根單字不是可辨識的英文單字，那就不要教字首。雖然不應該限制閱讀者把教授字首做為單字分析技巧的一部分，但是字首仍是一個合乎邏輯的起點。請參考圖 3.6 常用字首的列表。

Un-	不，相反	unwilling（不願意）、unmanagable（難管理的）
Re-	再	return（返回）、redo（再做）
In-, im-, ir-, ill-	不	inaccurate（不正確的）、immaculate（無瑕的）、irresponsible（不負責任的）、illigitimate（非法的）
Dis-	不，相反	disagree（不一致）、disrespectful（無禮的）
En-, em-	因為	enable（使能夠）、embrace（擁抱）
Non-	不	nonsense（無價值的）
In-	在或在～裡	inside（在裡面）、interior（內部）
Over-	過於	overuse（過度使用）
Mis-	錯誤	misinterpret（誤解）、misunderstand（誤會）
Sub-	在～下	subway（地下鐵）、subterranean（地下的）
Pre-	～前	prehistoric（史前的）、preschool（托兒所）
Inter-	～之間	interstate（洲際間）
Fore-	～之前	forefront（最前線）
De-	相反	deconstruct（解構）
Trans-	跨過	transportation（運輸）
Super-	～之上	superpower（超強力）
Semi-	半	semifinal（準決賽）、semicircle（半圓形）
Anti-	對比	antifreeze（防凍劑）
Mid-	中間	midsection（中央、中部）、midsize（中型）
Under-	太少	undercooked（尚未煮熟的）

圖 3.6　常見字首。改編自 Vaughn 和 Linan-Thompson（2004），以及 White、Sowell 和 Yanagihara（1989）

語境線索

　　通常我們透過把單字和圍繞這個單字的文本連結在一起，可以瞭解一個單字的意義。這些線索可以是舉例、對比、定義，或重述一些關於字義的訊息。教

導學生成功使用語境線索是一個需要謹慎地示範、鷹架，以及多練習的歷程，對有閱讀困難的閱讀者尤其如此（Beck et al., 2002）。有效使用語境線索涉及已知的文本意涵和不認識的單字之間的連結。例如，在合作閱讀策略（詳細內容請見第六章）中，則教導學生使用像重讀句子的方式來找尋情節，或重讀不認識單字的前、後句子等策略（Klingner, Vaughn, Dimino, Schumm, & Bryant, 2001）。需注意的是，從語境線索所獲得的理解可能是前面討論過的識字較弱的情形，因而需要額外和多元的經驗來獲得對那個新單字的更深入瞭解（Beck, McKeown, & Omanson, 1987）。已有另一項提升學生使用語境線索來瞭解不認識的單字字義能力的策略（Beck et al., 2002），促使學生在閱讀中遇到不認識的單字時，逐漸地從教師帶領的討論中內化這個策略。請思考下面包含不認識的單字 unsatisfactory（令人不滿）的文章段落。

> 珮琪先是錯過了校車，然後又在休息時間因為跌倒，而把新的褲襪扯破一個洞。後來，在排隊準備吃午飯時，她才想到便當盒忘在家裡廚房的桌子上了。即使才到中午，但珮琪已經覺得這一天在各方面都令人不滿（unsatisfactory）。

現在，請以下列步驟來完成這個單字學習策略：

1. **閱讀和釋義**：老師或學生閱讀含有不認識單字（指定文章）的文章段落，然後重述這段文字。剛開始時，由老師解釋這段文字的意思，但是當學生較熟悉這個策略時，就應該自己進行這個步驟。

2. **確認上下文脈絡**：教導學生提問和回答問題，例如，「這是怎麼一回事呢？」或「這段文字是在講什麼？」同樣地，當學生是第一次學習這個步驟時，由老師引導提問和查探回應，直到學生能夠正確地描述上下文脈絡。

3. **初步定義和支持**：請學生說明這個單字可能是什麼意思，並提出上下文脈絡中的佐證支持。「你認為 unsatisfactory 可能是什麼意思？」老師提出探究性的問題，如：「為什麼你會這麼認為？」老師可能必須重述上下文脈絡，

然後再次要求學生說明可能的字義。

4. **其他可能的意思**：在這個步驟，要求學生想想其他可能的字義，並說明理由。鼓勵學生思考數個可能的意思，因為每個單字不會總是只有一個正確的字義。詢問學生：「unsatisfactory 還可能有什麼其他的意思？」以及「你能想到其他的意思嗎？」

5. **總結**：最後一個步驟，要求學生統整所有的訊息。透過這種方式，讓學生學習反思可能用來瞭解不認識單字字義的上下文訊息。請思考下列的總結對話：

老師：那麼，unsatisfactory 可能是什麼意思？

學生：珮琪倒楣的一天。

老師：unsatisfactory 的意思就是「倒楣的一天」嗎？

學生：至少，她認為是倒楣的或是可怕的；就像什麼事情都不順利，因為她受了傷，錯過了公車，還忘了帶東西。

老師：那麼，unsatisfactory 可能是「倒楣」或「可怕」，或是「事情不順利」的意思。很好！unsatisfactory 就是無法接受的，或「不順利」的意思。珮琪認為，她這一天真是令人不滿意或無法接受的，因為所有的倒楣事都在她身上發生了。

在最後一個步驟，也鼓勵學生瞭解萬一上下文訊息不能夠提供字義的線索時，就要嘗試使用其他策略。例如，下一段文字中沒有提供有關於 conspicuous（*引人注目的*）這個單字字義的有效訊息。

在傍晚時分，沒有任何理由認為她沿著人行道行走，會有什麼引人注目的（conspicuous）！她從口袋裡拿出鑰匙，然後開了門。

單獨使用像查字典、單字部件或語境線索等策略，需要同時具備辨識不認識單字的能力，以及可能用來幫助找到這個不認識單字意義的特定策略的知識。為了善

加利用這些策略，教師必須洞察學生使用學習策略，以及有關字彙知識和閱讀熟練度的能力。

▌提供學生閱讀多樣文本的機會

雖然學生必須學習的單字量似乎令人生畏，但是促進學生參與文本卻是增進單字學習的一個愉快且重要的方式；更重要的是，能夠增進學生的閱讀理解。簡單來說，學生閱讀的量和他們認識的單字量有關，而且能夠讓他們閱讀和理解越來越複雜的文本（Cunningham & Stanovich, 1991; Hirsch, 2003）。對幼兒來說，教師可以選擇符應幼兒興趣、概念和字彙的文本為幼兒朗讀。朗讀（read-alouds）之後則是鼓勵學生進行討論。討論可以促進理解所讀內容、幫助學生連結背景知識、支持目標概念的發展或延伸，以及增進新字彙單字的獲得。請記得，學生喜歡各種主題的朗讀並從中學習，因此，教師朗讀時，不必過度依賴小說（Hirsch, 2003）。雜誌或報紙文章、技術類書籍和其他非小說類等，對提升字彙發展更具有特別的價值，尤其是朗讀同一個主題或概念的多種不同媒材的時候。故事書閱讀（storybook reading）（Hickman, Pollard-Durodola, & Vaughn, 2004）是應用朗讀來建構字彙的技巧。故事書閱讀也可以應用在能夠獨立閱讀指定選書或文章的較大年齡的學生身上。使用此策略時，可參考下列步驟：

1. 選擇一本非常感興趣的書，書中包含關鍵字或概念。你可能想要每天選擇一小段段落或只讀幾頁，這都依這本書的長度而定。
2. 閱讀前，選擇一些較難的單字，並用熟悉的語言提供簡單的定義。再讓學生寫出單字和定義（例如：flee [逃離]：to run away [逃跑]）。
3. 閱讀時，告訴學生仔細聽字彙單字（如果是學生自己閱讀的話，就尋找關鍵字），並鼓勵學生使用故事中的線索來找出單字的意思。
4. 閱讀後，鼓勵學生討論故事和關鍵字。提出問題來幫助學生解釋和說明讀了什麼。鼓勵學生描述書中如何使用關鍵字，以及這些關鍵字如何符合文本的核心概念。你可能還必須要求學生使用新的字彙來摘要或重述故事或段落。

提供學生關於關鍵概念的豐富且多元的閱讀經驗，促進新字彙單字，以及連結單字和文本所需的「世界知識」的獲得，以提升閱讀理解（Hirsch, 2003）。

增進學生的單字知識和興趣

本章中，我們提供讓學生積極投入單字學習的活動示例，如：單字遊戲、單字思考、以及對單字和其多元多樣的使用產生興趣。發展**單字意識**（word consciousness）的概念已獲研究支持（例如：Anderson & Nagy, 1992; Beck & McKeown, 1983; Scott & Nagy, 2004），且發生在有意義的字彙遊戲活動中。

語言遊戲是增進學生對單字的興趣及促進語言生產和理解的另一種方法。教師和學生可以創造出各式各樣的遊戲，包括記憶遊戲、填字遊戲、編碼、拼字、猜謎遊戲、賓果、比手畫腳、猜字謎遊戲、繞口令、文字接龍、字母遊戲和詞類遊戲，以激勵學生用文字來玩遊戲，以及發現、了解如何使用單字，並發展出如何使用單字的鑑別能力。下列將文字遊戲分為七類，以做為發展許多猜字遊戲的起點（修改自 Johnson, Johnson, & Schlichting, 2004）：

- **專有名詞學**（onomastics）是人名、地名的研究。鼓勵學生思考名稱、名稱的由來、為什麼被稱為這些特定名稱（Maple Street [楓樹街]、**一隻名叫 Woof 的狗**、**一隻名叫 Princess 的貓**），以及注意一些常出現在各名稱裡的單字的意義，並進行這些單字的相關遊戲（Comeback Inn [**歸人酒店**]、For Eyes [**明眸眼鏡公司**]）。
- **表達**（expressions）包括慣用語（hang on [**堅持下去**]）、諺語（「Don't count your chickens before they've hatched!」[**別太有自信！**]）、俚語（decked out [**裝飾**]）、標語（全年無休 24/7）和口號。
- **修辭**（figures of speech）是單字未使用字面意思，但另有其義。例如：明喻（**如鯨魚般大**）、隱喻（**彩虹很美麗**）、誇張（「**我哭了千滴淚**」）、委婉（「**暫時被移開（或被拿走）**」——**被偷**），和矛盾修飾法（**殘酷的仁慈**）。

● 單字聯想（word associations）是連結單字和單字的識字法，如同義字：ugly（醜陋）、unattractive（沒有吸引力的）；反義字：huge（巨大的）、tiny（微小的）；同形異義字：desert（沙漠）、desert（點心）；以及同音異義字：plane（平面的）、plain（素樸的）。

● 單字結構（word formations）包括縮寫：USDA；複合字：backyard（後院）；以及前後綴：neo-（新）、-ing。

● 單字操作（word manipulations）即字母遊戲，包括回文構詞法：mane（鬃毛）、name（姓名）；回文：bird rib；和字謎：I ⌐◯◯¬ U。

● 多義詞（ambiguities）指的是單字、片語或句子有很多種解釋（Robber gets 6 months in violin case [在小提琴案中，搶匪被判刑六個月]）。

結語

在單字的所有複雜性中瞭解單字，是理解文本的根本。雖然，理解字義在所有年級和跨類型中都很重要，但是在二年級以後及說明性文本的字義理解中特別重要。當學生遇到更多的挑戰性單字和概念時，幫助學生理解文本和從文本中學習則需要字彙學習的有效練習。具備「單字意識」（word conscious）的學生，因為能注意不認識的單字，並努力學習更多關於那些不認識的單字，而較可能從提升的單字和概念的知識中獲益。或許，字彙增加的最重要成果，就是理解力的提升。

❧ 字彙教學計畫示例 ❧
（配合第三章使用）

叮咚策略 [1]

註：叮咚策略（Click and Clunk） 是第六章介紹的多元策略教學法的合作閱讀策略中所使用的策略之一。「咚」（Clunks） 是指學生不懂的單字。

❧ 年級

三年級和以上

❧ 目的

學生學習使用修復策略，來瞭解閱讀時所不認識的單字的意義。

❧ 教材

供閱讀的一段文章
修復策略提示卡

❧ 學習內容

1. 利用簡短例子，介紹「咚」和修復策略
   - 「咚」是指學生不瞭解的單字或概念，而且影響對文章的理解。使用例句和修復策略提示卡來示範如何使用修復策略。

蛇的身體非常**柔軟**（supple）。牠非常容易彎曲。　❧　牠可以塞入很狹小的空間裡。

---

[1] 叮咚策略改編自 Klingner et al. (2001)。Copyright 2001 by Sopris West

● 使用「咚」卡,以確定**柔軟**這個單字的意義。在這種情況下,使用「咚」卡 2:「重讀在『咚』之前和之後的句子,並尋找線索」,提供修復策略以幫助學生瞭解「咚」的單字——**柔軟**的意涵。

● 請學生兩人一組,使用修復策略來找出下面例子中「咚」的意義,或創作出適合學生閱讀程度的例子。

1. 夏天,鳥類**換毛**(molt),或失去牠們的羽毛。

2. 你可以從**食譜**(cookbook)中發現如何製作美食。

3. **獵鷹**(falcon)是狩獵型的鳥類。

4. 獵鷹有**鉤嘴**(hooked beak)和銳利的**爪子**(talons)。

5. **麋鹿**有大的**鹿角**(antlers)。

2. **在長篇段落中應用修復策略**

● 確定段落中兩個或三個「咚」的單字。對學生大聲唸出段落(學生必須跟著老師的朗讀,看著自己的段落或黑板上的段落)。

● 示範如何使用修復策略來確定哪一個策略可以幫助理解不認識單字或概念的意義。在其他的「咚」的單字,重複此一過程。

● 寫下每個「咚」的單字和簡要的定義。

● 讓學生找一個同伴或小組,練習使用修復策略來尋找有意義的「咚」的單字。一個學生可以當「咚」專家,並拿著「咚」卡。閱讀一小節之後(通常是一個段落或兩個內容領域或其他說明性文本,這都依據閱讀段落的長度和困難度而定),學生則停下來識別「咚」的單字。

● 「咚」專家唸讀第一張「咚」卡，而「咚」學生試圖使用這張卡來找出
　意義。學生之間可以協助彼此使用修復策略。如果其中一位學生知道一
　個單字的定義，那麼使用修復策略應該能確認該定義。

修復策略

#1 重讀沒有「咚」的單字的句子，並詢問哪個單字是具有意義的。	#2 重讀在「咚」的單字之前和之後的句子，並尋找線索。
#3 把單字拆成部件，然後找出你認識的較小的單字。	#4 找出可能有幫助的單字字首或字尾。

3. 如果修復策略不管用，就使用其他資源
　● 有時，學生即使使用修復策略也無法瞭解字義。你應該建立下一步要做
　　什麼的制度。其示例如下：
　　✓ 如果修復策略不管用，由一位學生舉手等候老師協助。
　　✓ 如果修復策略不管用，就把那個單字或概念放到「挑戰表」裡。教師
　　　可以在小組成員都回到位子後，解釋這些具挑戰性的單字或概念。
　　✓ 如果修復策略不管用，一旦你完成後，就請繼續閱讀指定的作業，並
　　　使用教室裡的公用資源（字典或電腦）。

4. 全班一起回顧 「咚」的單字
　● 確認學生辨識的「咚」的單字。你也許需要針對許多學生可能有困難的
　　「咚」的單字，和學生要清楚知道的非常重要的「咚」的單字，提供額
　　外的「咚」的單字教學。

✎ 在特殊需求學生上的應用

　　如果學生無法使用修復策略來找到「咚」的單字的意義，請參考以下的
步驟：

- 請確認學生瞭解修復策略及如何使用修復策略。你可能需要使用一些簡短的例子讓學生練習，直到學生熟悉這些策略。

- 有時學生會因為他們不知道自己哪裡不懂，而無法辨識「咚」的單字。在這種情況下，則先辨識「咚」的單字。例如，你可以說：「當你在閱讀下一節時，請尋找『咚』的單字黏度（viscosity）和滲透性（permeable）。使用修復策略來瞭解『咚』的單字的意義，同時在『咚』的單字表上寫下簡短的定義。」

- 學生將在兩人一組或異質性小組一起閱讀和使用修復策略中受益。如果學生在應用修復策略上有困難，請注意他們是如何組成小組的，要能夠讓所有小組成員都積極地參與和投入。

- 如果學生有太多的「咚」的單字，則修復策略可能沒有幫助。在這種情況下，就可能必須在事前更明確地教導字彙。當然，也可以考慮使用較簡單的閱讀材料。

字彙提示卡 [2]

❧ 年級

中年級和以上

❧ 目的

在學生建立自己的學習輔助工具時，能積極投入於深化字彙單字的理解。

❧ 教材

供閱讀的一段文章

---

[2] 字彙提示卡（vocabulary cue cards）改編自 Davis（1990）。

提示卡

字典、辭典（thesaurus）或電腦

字彙表

❧ 學習內容

1. 學生兩人一組一起完成自己的字彙單字提示卡

● 解釋：「電視新聞主播使用提示卡來幫助他們記住要播報的內容。你們則是要製作自己的提示卡，來幫助自己記住字彙的意義。」

● 請學生和一位同學一起建立重要字彙的提示卡。在提示卡其中一面寫上單字，另一面則寫上單字、簡單的定義、例句和非例句。

單字：	
定義：	
例句：	非例句：
1.	1.
2.	2.
3.	3.

2. 提示卡競賽活動

● 學生兩人一組，兩組相互競賽。

● 雙方先對單字可接受的定義達成共識。

● 然後兩組輪流建立例句和非例句的清單。造出跟對手隊相同的一個正確例句或非例句，可得 1 分；造出對手隊沒有的一個正確例句或非例句，則得 2 分。直到達到預定的例句數時（5 句或 10 句），就換下一個單字。

● 在活動中，評量學生的反應並給予回饋，以確認學生正確地瞭解每一個單字。

❧ 在特殊需求學生上的應用

- 使用基礎單字表,並為需要更進階或有困擾的學生追加額外的單字。例如,班級內的多數學生都使用相同的十個單字。部分學生使用基礎單字表裡的五個單字和他們所困擾的單字中比較基礎的五個(或更少)單字。而其他學生則是五個基本單字和五個進階單字。
- 為那些可能在指定時間內無法仔細思考來完成清單的學生縮減單字表。
- 改變提示卡上提供的訊息量。對某些學生來說,你或許提供字彙單字和其定義,而學生的任務則是想出例句和非例句。
- 動作慢的學生,則可以在他們的提示卡上只各寫出一個例句和非例句即可。
- 有書寫困難的學生可以在電腦上製作提示卡,或是請能力較佳的同學幫忙書寫。

語意地圖

❧ 年級

所有年級

❧ 目的

創建語意地圖,以顯示與關鍵概念相關的單字之間彼此如何關聯。

❧ 教材

語意地圖、黑板,或投影片

◇ 學習內容

1. 腦力激盪想出與關鍵概念有關的單字

● 在班級裡，請學生腦力激盪想想與關鍵概念或想法有關的所有單字。教師也可以選擇一些你想要強調的關鍵字並追加到班級單字表中。

2. 製作語意地圖

● 現在，將相關的單字進行分類，並列出類別標題。在語意地圖上，視覺化地呈現出類別和關鍵概念之間的關係。一旦學生已經練習過建立全班的語意地圖，他們就能以個別、兩人一組，或小組的方式來分類單字和辨識與關鍵概念的關係。

3. 延伸活動

● 學生可以將語意地圖做為閱讀前的預覽活動，來預覽重要的字彙和關鍵概念，或者做為練習寫散文或研究論文的起點。

資料來源：取自 Janette K. Klingner, Sharon Vaughn, and Alison Boardman. Copyright 2007 by The Guilford Press. 心理出版社（2015）版權所有。授權購買本書之讀者影印本教學計畫，但僅供個人使用。

CHAPTER 4

文本結構與閱讀理解

學習重點

1. 閱讀本章之前，先想想你已經知道的文本結構。現在，再想想你所知道的有關教導不同文本結構的方法。問問你的學習小組成員，他們目前是如何教導學生學習文本結構的。將這些做法列出一份清單。

2. 閱讀本章時，想想哪些促進學生理解和使用文本結構的做法是你已經應用在學生身上的？是否有新的做法是你想要增加的？

3. 在閱讀本章之後，和你的學習小組成員討論你所學到的敘事性和說明性的文本結構，以及這些訊息可以如何幫助你協助學生的閱讀理解。重溫你在閱讀本章之前所列出的文章結構做法清單，並思考你是否可能用任何方式來改善這些做法。

4. 選擇一段說明性或訊息類的文章，並討論為學生講解其文本結構的方法，以便讓學生瞭解學習文本並不困難。為此目的設計一個教學活動。

「從前從前＿＿＿ ＿＿＿ ＿＿＿ ＿＿＿ ＿＿＿ ……」請填空。浮現在腦海裡的會是哪些單字呢？你可能會想到像「三隻小豬」這類的故事。或者，你可能會想到「在遙遠的地方，有一個公主住在城堡裡」。你期待聽到一個描述角色和背景，以及一個問題將要展開的故事。這個故事有一個英雄或女英雄、一個惡棍和一個需要解決的問題。你期待著要知道這個英雄如何戰勝。如果故事結局不是「從此過著幸福快樂的日子」時，你可能會非常的驚訝。在西方文化裡，這是一種典型的和非常熟悉的敘事文本結構。幼兒聽著幫助他們學習故事結構的童話故事和其他故事長大。在聽故事或閱讀故事時，他們學習期待後續故事的發展。一個基模已經被活化了。心智中，一個像模板或架構的基模，在需要時被喚醒。這個基模以先備知識為基礎。當我們缺乏一個基模或是基模不夠完整時，我們的理解就會受到阻礙。換句話說，一個完整的基模能促進理解和記憶。當我們重述或摘要一個故事時，這個模板提供了一個組織性結構，以幫助我們做得更有效率（Kintsch & Greene, 1978）。

在閱讀時，請想想各種文本結構，以及它們如何影響閱讀理解。我們大多數人所使用的第一種文本結構就是敘事性的（narrative，即，小說）；而我們也會學習說明性的（expository）文本結構（如：事實和訊息）。在本章中，我們以學習障礙學生為焦點，探討這兩種文本結構。我們也會描述許多幫助學生學習使用文本結構來成為自己的優勢的教學策略。

文本結構（text structure）是什麼？文本結構指的是文本的組織方式，藉以辨認關鍵訊息；文本的組織方式各有不同。敘事文本（narrative text）基本上依循一個單一的、一般性的、結構化的模式，一般稱為故事結構（story grammar; Mandler & Johnson, 1977）。故事結構包括角色、背景、問題和解決問題的方法。說明性文本（expository text）則是呈現各種不同的組織形式（詳述於本章後段）。相較於某些文本，有些文本是以閱讀者較容易瞭解的文本結構來敘寫（Pearson & Dole, 1987）。當學生熟悉了文本結構，這些知識可以幫助他們：(1) 期待將要閱讀的內容；(2) 組織將接收到的訊息；(3) 判斷閱讀內容的相對重要性；(4) 提升閱讀理解；和 (5) 促進自己的回想（Meyer, 1984）。然而，當一個文本的結構與閱讀者所期待的結構不同時，理解就會瓦解而無法理解。閱讀困

難者（struggling readers）可能比能力強的閱讀者（stronger readers）更不容易意識到文本結構，而經歷到使用文本結構來幫助理解的困難（如：Meyer, Brandt, & Bluth, 1980）。不過，明示教學（explicit instruction）可以幫助閱讀困難者更加瞭解各種文本結構，以及增加理解和記憶（Dickson, Simmons, & Kame'enui, 1995; Gersten, Fuchs, Williams, & Baker, 2001; Goldman & Rakestraw, 2000; Meyer, 1984; Ohlhausen & Roller, 1988）。

文本結構和學習障礙學生

許多學習障礙學生無法有效處理訊息。他們可能無法意識到能力好的閱讀者會自動使用的簡單策略，如：重讀不懂的地方（Williams, 2000）。學習障礙學生經常被不同形式的文本結構所困擾，而可能無法掌握組織故事的各種方式。知識的缺乏阻礙了他們的理解和記憶。學習障礙學生通常只能回想讀過的故事的一小部分，且無法輕易辨認故事裡的重要訊息（Roth & Speckman, 1986）。事實上，Cain（1996）發現，學習障礙學生比幼兒還缺乏故事結構的知識（Cain, 1996）。Gersten 等人（2001）推測，學習障礙學生的敘事理解困難，可能是後設認知損壞的結果，亦即，無法反思閱讀是如何進行的，或是當無法理解時不知道要使用哪種策略。說明性的文本結構——如：歷史書或報刊，會比敘事性文本結構讓學生有更大的挑戰。由於說明性的文本結構可以有許多不同的形式，因而導致學習障礙學生很難弄清楚究竟是使用哪一種形式。知識和策略便是最適合用來理解這些多樣化文本結構的不同形式。相反地，能力好的閱讀者比較能夠辨識出目前使用的結構為何，以及決定使用什麼策略來幫助理解。

敘事性故事結構

兒童在早年就發展出對敘事結構的敏覺性。當他們進入學校後，多數兒童已經發展出一些故事結構的概念，且能夠使用這知識來理解簡單的故事（Gillis & Olson, 1987）。如前所述，敘事性的結構通常被稱為「故事結構」。故事結構一

詞是指，閱讀者期待在故事中找到那些不同的要素，例如：角色、背景、情節（包含需要解決的問題）和結局。敘事文包括不同的形式或類型，會在這個基本的故事結構模式中略微變化，包括寫實小說、奇幻小說、童話、民間故事、寓言、推理小說、幽默故事、歷史小說、戲劇，以及現實生活中的冒險經歷等。例如，寓言故事即是具典型故事結構的短篇故事，只是多添加了道德價值。閱讀者較容易記憶一些以熟悉的方式所組織的故事（Mandler & DeForest, 1979; Stein & Nezworski, 1978）。

　　隨著學生逐漸成熟，對不同故事的理解就變得更加精通了（Williams, 2000）。許多沒有接受過故事結構明示教學的學生，都具有敏銳理解故事是如何組成的能力。然而，學習障礙學生則是較慢才能發展出這種能力。他們可能不擅長某些作業，例如：選擇重要訊息、進行推論和辨識故事主題。未能自己發展出這項理解力的閱讀理解弱的學生，可以從明示教學中受益（Idol, 1987; Goldman & Rakestraw, 2000; Pearson & Fielding, 1991）。許多研究已指出如何提升學習障礙生使用敘事結構的能力的問題。Williams（2000）指出，大部分敘事文本研究的重點在於，教導學生把故事結構當作為了理解他們所讀故事的特定面向的組織框架，例如，Idol（1987）使用故事地圖來教導由三年級和四年級學生組成的異質小組，發現低成就和中等成就學生不僅在回應關於剛閱讀過的故事的問題回答能力上有所提升，而且在聽力理解（listening comprehension）、效標參照測驗（criterion-referenced tests）和自發性的故事寫作（spontaneous story writing）能力上也有提升。

文化差異

　　你可曾在聽故事時，希望說故事的人不要一直在原地兜圈子，而是直接切入重點呢？或許你會變得不耐煩，因為你想知道問題是如何解決的。或者，你可能會發現自己想知道更多關於角色和他們的情緒的細節，以及角色彼此之間的關係。你甚至已經感到惱火——當說故事的人沒有提到這些細節時。這些差異反映了跨文化的敘事文本結構的多樣性。不同文化群體的說故事風格強調和

重視故事的不同部分。例如，傳統白人中產階級的結構往往是「主題中心的」（topic-centered），其重點在於讓事件先後順序是正確的，且清楚明確。拉丁文化中的故事則往往淡化結構和行動的重要性，而強調情感和家庭關係（McCabe, 1995）。傳統的美洲原住民故事一般都沒有明確的結局，因為那些都是與生命有關的，而生命是不會結束的（Cazden, 1988）。因此，一些黑人、拉丁美洲人或美洲原住民學生可能不著重主流的主題中心法的故事，或按時間順序發展的故事事件（Cazden, 1988; Champion, 1997; McCabe, 1995; Michaels, 1981）。更確切地說，他們的故事往往以主題聯想的方式（topic-associative way）來連結一些事件，和關注人類彼此的關係（McCabe, 1995）。

　　這些獨特的文化模式影響學生對故事的理解和回想（Bean, Potter, & Clark, 1980; Carrell, 1984），以及回想的訊息類型（高程度或低程度；Carrell, 1984, 1992）。一般來說，以熟悉的結構所組成的文章，相較於以太不熟悉的方式組成的文章，更容易理解和記憶（Carrell, 1984; Hinds, 1983; Fitzgerald, 1995）。Invernizz 和 Abouzeid（1995）在新幾內亞和維吉尼亞州進行一項六年級學生故事回想的研究。兩組學生都使用西式教科書以英文上課。研究中要求學生閱讀兩個不同敘事結構的故事。正如預期般地，兩組回想較多的故事是最接近他們文化中最常見的文本結構。新幾內亞兒童回想較多的背景和細節，但往往忽略了道德，而美國學生則關注故事的一般性要點以及造成的後果和解決問題的辦法。同樣地，McClure、Mason 和 Williams（1983）研究美國黑人、白人和拉丁裔的勞工和中產階層家庭的學生解讀不同版本的文本，發現學生在他們文化背景裡最典型的故事上表現最好。

　　雖然文本結構一般是透過反覆接觸故事和練習故事而淺移默化，但是針對不同結構的明示教學能夠幫助學生學習文本結構。例如，Amer（1992）發現文本結構的直接教學促進了以英語為外語的六年級學生的理解和回想。Goldstone（2002）強調，學生需要有關圖畫書特色和組織的具體、特定的訊息，以增進他們的鑑賞和理解能力。來自不同種族背景的學習障礙學生，在嘗試理解不同的文本結構時，可能會遇到困難。他們可能從重視他們的觀點和說故事的傳統，並同時教導一般美國學校裡常用的故事結構的教學中獲益。

教學策略

　　在這一節中，我們描述了許多能夠幫助學習障礙學生學習故事結構的策略和技巧。有些方法強調提供學生一個在閱讀包含故事的基本要素（如：主角、背景、行動和結局）時可以使用的組織性指引。其他的活動則要求學生注意不同的故事要素。有些技巧激發學生應用促進他們理解文本的不同的理解策略。許多發展促進學生理解敘事文本策略的研究者則強調閱讀和寫作之間的連結（如：Baker, Gersten, & Graham, 2003; Irwin & Baker, 1989）。更多有關文本結構教學的想法，可以參考本章末的教學計畫示例。

故事地圖

　　諸如故事地圖的視覺化呈現對所有學生都很有幫助，尤其對學習障礙學生特別有助益（Baker et al., 2003）。故事地圖有許多形式，其中，我們喜歡的是由 Englert（1990, 1992）發展來幫助學生規劃寫作的組織表；把故事的主題或標題寫在一張紙中間的圓圈裡，次主題或情節的要素則呈現在外圈。我們已經增加了 C-SPACE 的助記符裝置來幫助學生記憶故事的要素（C- 角色 [characters]、S- 背景 [setting]、P- 問題 [problem]、A- 行動 [action]、C- 結局 [conclusion]、E- 情緒反應 [emotion]）（MacArthur, Schwartz, & Graham, 1991; MacArthur, Graham, Schwartz, & Schafer, 1995）（見圖 4.1）。

故事臉

　　「故事臉」（story face）是故事地圖的延伸應用，提供一個理解、辨識和記憶敘事文本的要素的視覺框架（Staal, 2000）。Staal 提出了學生在一到五年級間使用故事臉策略的優點：(1) 容易建構；(2) 容易記憶；(3) 可引導重述故事；(4) 透過探索合作學習；(5) 具有彈性；以及 (6) 提供一個能夠促進敘事寫作的框架。故事臉看起來很像故事地圖，只不過故事臉的形狀看起來像一張臉罷了。Staal 提出了「高興的」和「悲傷的」故事臉的例子。我們提供一個高興的故事臉改編版供參考（而悲傷的故事臉，則是微笑的嘴朝下）（參照圖 4.2）。

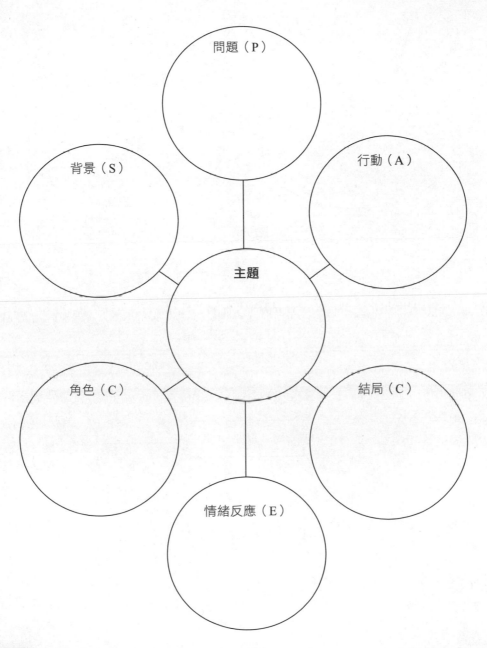

圖 4.1　C-SPACE 故事地圖。引自 Haager 和 Klingner（2005）。Copyright 2005 by Pearson Education

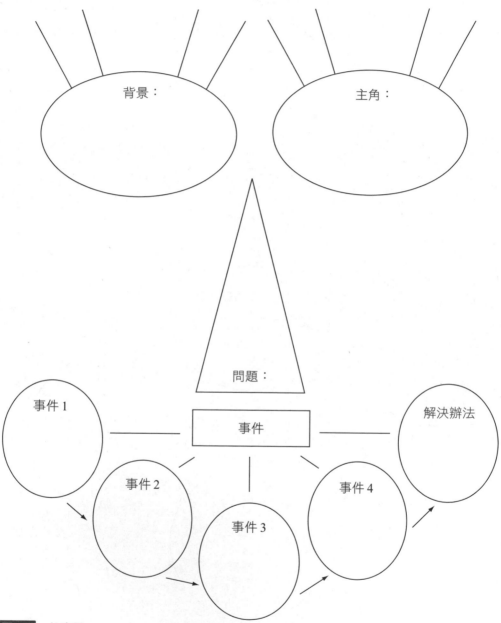

圖 4.2　故事臉

資料來源：引自 Janette K. Klinger、Sharon Vaughn 和 Alison Boardman。Copyright 2007 by The
　　　　Guilford Press. 心理出版社（2015）版權所有。授權購買本書之讀者影印本圖，但
　　　　僅供個人使用。

故事手套

　　故事手套提示學生隨著不同的文本結構，使用不同的理解策略（Newman, 2001-2002）。故事手套透過每個手指上和手掌中的圖示提供視覺化線索。Newman 描述了三種不同的故事手套：閱讀前手套、敘事文本結構手套、說明性文本結構手套。每個手套有五個引導學生討論的問題——包括小物件或圖片，以提醒學生回答哪一個問題。教師可以因應學生的不同年齡更改圖示（icons）。敘事文本結構手套包括下列圖示和問題：

□ 飛機：「故事在哪裡發生的呢？」

□ 動物／人物：「有哪些角色？」

□ 階梯：「先發生了什麼事？然後呢？最後呢？」

□ 寫著「1＋1」的提示板：「故事中的問題是什麼？」

□ 寫著「2」的提示板：「故事的結局是什麼？」

故事食譜

　　閱讀和寫作之間的關聯性是很強烈的。Irwin 和 Baker（1989）指出，教導學生使用範本（template）或圖形組織圖（graphic organizer）寫故事，可以提升在閱讀故事時對故事結構的理解，以及促進閱讀理解。他們創發了一種稱為「故事食譜」（story recipe）的圖形組織圖（見圖 4.3）。故事食譜的格式可做為幫助學生建構故事的工具，透過讓學生在寫作之前完成食譜的每一個部分來做為計畫表。或者，可以在學生閱讀故事之後完成，做為分析故事結構的練習。以下我們提供一篇「雨滴藍迪」（Randy Raindrop）的原創故事（圖 4.4），來說明如何使用故事食譜檢視故事的結構（圖 4.5）。

主要的角色	
名字	特質
背景	
地點	說明
情節大綱			
開始事件	問題	角色覺得如何	主角做了什麼
結局			
結果——故事是怎麼結束的？		故事與道德倫理有關嗎？	

圖 4.3 故事食譜。引自 Irwin 和 Baker（1989）。Copyright 1989 by Pearson Education

---

雨滴藍迪

從前有一個小雨滴名叫藍迪（Randy）。藍迪和爸爸雷蒙德（Raymond）、媽媽麗塔（Rita）住在一個很大的、白色的、蓬鬆的雲層裡。藍迪喜歡和其他雨滴一起玩。但是，有時候藍迪和他的雨滴朋友會跑到離他們爸媽太遠的地方。而他們的爸媽就會告誡他們不要跑太遠。有一天，當藍迪在玩捉迷藏找朋友時，他又跑遠了。突然，一大片雲層遮日，天暗了下來。一聲轟隆巨響和一道閃光，烏雲也隨之晃動。藍迪想要趕緊回到爸媽身邊，但是他實在跑得太遠了。藍迪不小心跌倒，從雲層掉了下來。藍迪感覺一直在往下掉。他站起身來，四處張望。他不知道他在哪裡，他看不到其他雨滴。他很害怕和難過。他想念他的爸媽！他心想：「應該聽爸媽的話，不要跑太遠！」越來越多的雨滴掉到藍迪旁邊的地面上。然後，藍迪和身旁的其他雨滴們開始移動，而且越來越快。他們滾落山坡、流入河川裡。湍急的河水不斷地衝出和迸出。藍迪心想他可能永遠停不下來了，但是最後河水緩了下來，藍迪終於可以看看四周。猜猜他看到了誰？是他的爸媽！他們也從雲層掉落下來，一直在找藍迪。藍迪和他的爸媽非常高興能再次相聚！他們給藍迪一個大大的擁抱，而藍迪也承諾會聽爸媽的話好好表現。

圖 4.4 原創故事：「雨滴藍迪」

主要的角色			
名字 雨滴藍迪	特質 喜歡和其他雨滴一起玩。		
背景			
地點 1. 雲層裡 2. 地面和河流	說明 1. 剛開始是一大片的、白色的、蓬鬆的雲層，然後變成烏雲。 2. 河水很湍急。		
情節大綱			
開始事件 藍迪和朋友們一起玩耍，然後離爸媽太遠了。	問題 雲層晃動，藍迪掉到地面上。藍迪走失了。	角色覺得如何 他覺得難過和害怕。	主角做了什麼 他和其他雨滴掉落河川。河水非常湍急。
結局			
結果——故事是怎麼結束的？ 藍迪找到了爸媽。		故事與道德倫理有關嗎？ 是的。最好聽爸媽的話照做。	

圖 4.5　「雨滴藍迪」的故事食譜

重述

　　重述是一種常用的方法，要求學生在閱讀之後或聽完故事後，回想和再次描述故事裡的事件（如，「先發生了什麼事？接著又發生了什麼？」）。Morrow（1986）發展了一個幼兒園版的重述故事版本，提供幼兒結構化的引導，以提升幼兒的故事結構感。Morrow 建議，首先必須為幼兒示範故事的不同部分（例如，開始一個故事時，就說：「從前從前……」），然後使用下列的提問來引導幼兒重述故事：

- 這是誰的故事呢？
- 故事在哪裡發生？
- 主角遇到什麼問題？
- 主角如何嘗試解決這個問題？
- 故事的結局是什麼？

TELLS

Idol-Maestas（1985）發展一種名為 TELLS 的方法，可以引導學生在閱讀故事時進行探索。TELLS 是提示學生遵循一連串步驟的縮寫：

- T：study story titles.（研究故事的標題。）
- E：examine and skim pages for clues.（檢視和瀏覽每一頁來尋找線索。）
- L：look for important words.（找出重要的單字。）
- L：look for difficult words.（找出困難的單字。）
- S：think about the story settings.（思考故事的背景。）

TELLS 可張貼在教室的牆上和（或）提供給每位學生。教師協助學生學習如何運用每個步驟，一次學一個步驟，然後在閱讀故事時，使用全部的步驟。Idol-Maestas（1985）建議，持續激勵學生使用這個方法和其他閱讀理解策略是非常重要的，即便學生看起來已經變得非常熟練策略的應用。利用轉換活動來幫助學生內化策略和類推策略應用到其他作業的明示教學是非常重要的，對學習障礙學生更是如此。

主題計畫

Williams（2005）對有學習危機的小學低年級學童實施不同文本結構策略的明示教學，發現學童的理解有了改善，以及他們能夠將學過的策略應用到小說文本上。她所使用的第一種方法是「主題計畫」（Theme Scheme），包括以下步驟：

□ 導入和閱讀前討論：課程的第一個部分是教師界定主題的概念，討論瞭解主題的重要性，以及介紹該課程所使用的特定故事之背景。

□ 閱讀故事：教師朗讀故事，並在文本中穿插一些鼓勵學生積極處理文本的提問（例：連結先備知識）。

□ 運用組織性（主題計畫）的問題進行討論：教師和學生討論以下八個問題。

1. 主角是誰？
2. 主角發生了什麼問題？
3. 主角如何解決問題（解決方法是什麼）？
4. 接著發生了什麼事？
5. 是好？還是不好？
6. 為什麼好？或為什麼不好？
7. 主角學到自己應該要＿＿＿＿＿＿＿。
8. 我們應該＿＿＿＿＿＿＿。

□ 將主題轉換和應用到其他故事的例子和真實生活的經驗上：教師介紹一小段同一主題的小品文做為另一個例子。教師和學生們用前述八個問題來討論這個例子，並額外增加兩個問題：

1. 什麼時候＿＿＿＿＿＿＿是重要的？
2. 在什麼情況下＿＿＿＿＿＿＿是很容易／困難的？

□ 回顧：教師回顧八個組織性問題，並要求學生想想其他的例子。
□ 活動：教師帶領全班進行後續的延伸活動，如寫作、繪畫、討論或角色扮演。

預測作業

在這個活動中，教師唸一個故事給學生聽，或者讓學生讀一個故事，然後在快到故事的結局前停止閱讀（Whaley, 1981）。接著，教師請學生預測沒有結束的故事的後續發展。這個活動可以是開放式的，或者教師可以提供學生不同的可能結局，讓學生從中選擇。

填空作業

教師刪除故事中段的一部分文字，然後請學生填入缺少的訊息（Whaley, 1981）。學生可以單獨、兩人一組，或是小組來完成這個活動。為了將這個方法

的優點發揮到極致，討論可能被期待的訊息類型是非常重要的。例如，教師可能會刪除故事角色遇到的問題的描述。然後，教師可以向學生展示一個故事地圖並詢問學生：故事地圖的哪一個部分在故事裡是不明顯的。學生可以一起腦力激盪想想可能有意義的問題，提供在故事裡出現的其他訊息。這個方法的可能變化是針對故事的不同部分，要求不同的組別來做（每組改編一個部分），然後讓學生把他們改編的部分放在一起，來組成一個新的（好笑的）故事。

重組故事

重組故事（scrambled stories）的方法是由教師先將故事分成幾個類別（或部分），然後再把這些類別混合在一起（Whaley, 1981）。接著，教師再請學生將故事的這些部分以正確的順序重新組合。教師和學生相互討論怎麼排列是最有意義的，以及為什麼有意義。這個方法的另一種變化是，運用語言經驗教學法（language experience approach）和學生自己所寫的故事（Haager & Klingner, 2005）。在這個過程中，事先準備好的填空句紙條是非常有幫助的。

說明性文本結構

說明性文本結構一詞，乃是引導閱讀者辨識關鍵訊息和連結各概念之間的文章組織方式。由於在學科教科書中所發現的結構，與敘事文本中的結構有很大不同，學生可能已經學會的敘事散文的策略不需要再進行轉換。基於多種原因，對學生來說，說明性文本結構比敘事結構更具挑戰性。其原因之一是，儘管許多孩子上學時就已經知道敘事文本結構，但少數的孩子是上學後才知道說明性文本結構，部分原因是大多數家長都會為自己念幼兒園的孩子讀繪本的關係（Williams, Hall, & Lauer, 2004）。此外，說明性文本中概念之間的連結，並不是許多敘事文所描繪的熟悉事件的簡單順序。另一個原因是，說明性文本會以各種不同的組織結構呈現，如下（Weaver & Kintsch, 1991）：

1. 細目清單（enumeration）──關於單一主題的事實清單。

2. 先後順序（sequence）——依時間先後發生的一連串事件。

3. 對照比較（compare-contrast）——以兩個或兩個以上主題之間的相似性和差異性為重點。

4. 分類（classification）——按類別組織訊息。

5. 類推（generalization）——用幾個句子表達的一個主要概念。

6. 問題－解決（problem-solution）——關於問題及其解決方案的描述。

7. 程序描述（procedural description）——完成一項作業的步驟。

閱讀說明性文本時，學生不僅要關注文本中的訊息，也要辨識文本結構的類型為何（Englert & Hiebert, 1984）。學習障礙學生比一般生同儕較少意識到這些說明性文本結構（Seidenberg, 1989）。「閱讀能力差的閱讀者，包括學習障礙學生在內，要發現說明性文本結構尤其困難」（Williams et al., 2004, p. 131）。

　　說明性文本結構會如此具有挑戰性的另一個原因是，僅有少數教科書的文本結構和意義是以容易理解的方式撰寫的（Harniss, Dickson, Kinder, & Hollenbeck, 2001; Jitendra et al., 2001）。多數的教科書是缺乏連貫性的（即概念之間沒有明顯的連結；Meyer, 2003）。這些以複雜的文本書寫的教科書讓學習障礙學生難以理解的（Venable, 2003）。歷史教科書似乎較缺乏組織，以至於可能讓教師和學生（學習障礙學生和一般生）較難有效地使用（Harniss et al., 2001）。同樣地，Jitendra 等人（2001）檢視了四冊中學地理教科書的適讀性、知識形式、心智運作、教學目標和活動。雖然結果在某些程度上有所差異，Jitendra 等人發現，教科書包含了密集的實際訊息，且通常沒有考量到有閱讀困難的閱讀者。其中更缺乏了可以幫助學習障礙學生的線索。

　　在介紹教學策略之前，說明性文本結構還有一個值得探討的面向。正如故事結構隨文化差異而不盡相同，說明性文本結構亦是如此。例如，並非所有的文化都包含比較和對比的結構。情節的結構因文化而不同，就如同表達觀點的方式（例如，含蓄或直接）。教師必須謹記此點，才不至於將較熟悉不同修辭風格的學生誤認為是學習障礙或認知障礙，同時也才能在學生學習新的說明性文本結構時，提供適切的協助（Fillmore & Snow, 2000）。

教學策略

許多提升說明性文本理解力的策略已經應用在學習障礙學生上，也都獲得預期的效果。例如，Richgels、McGee 和 Slaton（1989）教導學生使用視覺化呈現，來將自己的注意力集中在測驗結構上。Dickson、Simmons 和 Kame´enui（1995）透過教導學生找出信號詞（signal words），如：喜歡（like）、不同（different）、相對的（in contrast）、但是（but），來幫助學生學習比較和對比的文本結構。Williams（2005）進行了一系列的介入性研究，結果發現，當小學低年級的危機學童接受聚焦於文本結構的高結構化明示教學時，能夠提升理解力，其中包含了轉化所學到的小說文本的能力。

辨識文本結構

不同的研究者已經對教導學生辨識文本結構的教學方法做出評價。我們在此介紹三種方法。Irwin（1991）建議提供學生文本結構類型的明示教學，然後要求學生辨識各領域教科書中的文本形式為何。這種方法必須先進行兩種對比鮮明的文本結構的引導式練習，然後再增加新的文本類型，直到學生可以獨立地辨識文本結構。在表 4.1 中，我們列出了五個基本的文本組織結構，以及信號詞和片語，可以做為幫助學生辨識文本結構的線索（改編自 Meyer et al., 1980; Meyer, 2003）。

Armbruster 和 Anderson（1981）提出了各種說明性文本結構的另一種版本（見表 4.2）。他們鼓勵學生思考有關作者表達訊息的目的（例如，比較和對照，或描述）。依各種類型的文本結構，他們提供了祈使句形式（即，陳述）和疑問句形式（即，問題）。這些示例類似 Meyer 等人（1980）所建議的關鍵字和片語。

表 4.1　五個基本的文本組織結構和其信號詞

文本結構	信號詞和片語
描述 描述屬性、細節、和／或背景。其主要概念為誰（who）、什麼（what）、何地（where）、何時（when），以及如何（how）。	例如（for example）、比方說（for instance）、特別是（this particular）、具體地（specifically）、諸如（such as）、～的屬性（attributes of），～的性質（properties of）、～的特點（characteristics of）、～的特性（qualities of）、在描述～（in describing）
順序 依順序或時間組織概念。其主要概念為相關事件的程序或順序。	首先（first）、其次（next）、然後（then）、後來（afterward）、之後（later）、最後（last）、最後（finally）、接下來（following）、從一開始（to begin with）、首先（to start with）、隨時間經過（as time passed）、持續的（continuing on）、最終（in the end）、幾年前（years ago）、從一開始（in the first place）、之前（before）、之後（after）、即將（soon）、最近（recently）
因果關係 呈現原因或概念之間的因果關係。其主要概念是由因果關係的部分所組成。	如果～那麼～（if/then）、結果（as a result）、因為（because）、由於（since）、其目的（for the purpose of）、引起（caused）、導致（led to）、後果（consequences）、因此（thus）、為了（in order to）、這是為什麼（this is why）、原因（the reason）、解釋成（so in explanation）、因此（therefore）

（續）

表 4.1　五個基本的文本組織結構和其信號詞（續）

文本結構	信號詞和片語
問題—解決方案 描繪一個問題和解決方案。其主要概念由兩個部分組成：問題和解決方案，或是問題和答案。	問題：問題（problem）、問題（question）、難題（puzzle）、難題（enigma）、謎團（riddle）、危險（hazard）、爭議（issue）、疑問（query）、必須預防（need to prevent）、麻煩（the trouble） 解決方案：解決方案（solution）、解答（answer）、回應（response）、回覆（reply）、應答（rejoinder）、回報（return）、解決問題（to satisfy the problem）、處理問題（to take care of the problem）、解答問題（in answer to the problem）、解決問題（to solve the problem）、解決問題（to set the issue at rest）
比較 基於差異和相似來連結概念。其主要概念由提供一個主題的比較、對比，或替代的觀點等部分所組成。	比較：相似（alike）、有共同點（have in common）、同樣是（share）、類似（resemble）、和～一樣（the same as）、和～相似（is similar to）、就像是（looks like）、像～（is like） 對比：相對的（in contrast）、但是（but）、不是每一個（not everyone）、幾乎（all but）、反而（instead）、然而（however）、相較之下（in comparison）、換句話說（on the other hand）、但是（whereas）、相對來說（in opposition to）、不像（unlike）、不同（differ）、不同的（different）、差異（difference）、區別（differentiate）、和～比較（compared to）、雖然（although）、儘管（despite）
列舉 與前述任一結構一起出現（如：呈現描述、順序、因果關係、問題—解決方案，或比較觀點時）	和（and）、另外（in addition）、也（also）、包括（include）、並且（moreover）、此外（besides）、首先（first）、其次（second）、再次（third）、隨後的（subsequent）、再者（furthermore）、同時（at the same time）、另一個（another）

註：改編自 Meyer（2003）。Copyright 2003 by Erlbaum

表 4.2　文本結構類型和作者目的

結構	祈使句形式	疑問句形式
描述	定義 A 描述 A 列出 A 的特質和特性	A 是什麼？ A 是誰？ A 在哪裡？
時間順序	描繪 A 的發展 列出 A 的步驟	A 是何時發生的（和其他事件有關）？
解釋	說明 A 說明 A 的原因 說明所造成的影響 預測／假設	A 為什麼發生？ A 是怎麼發生的？ 有什麼影響？ 將會有什麼影響？
比較—對比	比較和對比 舉出相似和相異處	A 和 B 是如何相似？ A 和 B 是如何不同？
定義／舉例	定義並舉例	A 是什麼？ A 的例子有什麼？
問題／解決方案	說明問題及其解決方案	B 是如何成為問題的？ 它的解決方案是什麼？

註：資料取自 Armbruster 和 Anderson（1981）

　　Bakken 和 Whedon（2002）說明如何教導特殊兒童辨識五種不同類型的說明文的文本結構：主要概念、列舉、順序、比較和對比，以及分類。對於每種結構，Bakken 和 Whedon 不僅說明了可以幫助辨識文本結構的結構及其相應的信號或線索，而且還說明了閱讀目標、學習策略和記筆記的方法。一旦學生學會區辨各種的文本結構，他們接著就能學會應用適切的特定結構的策略（structure-specific strategies；見表 4.3）。

各類文本結構的明示教學

　　一些研究者已經教導學生促進理解特定文本結構的策略。例如，Armbruster、Anderson 和 Ostertag（1987）對初中學生進行問題—解決方案結構的明示

教學發現，和沒有學過這項文本結構的學生比較，學過的學生在閱讀測驗時回想更多的訊息，且辨識更多的主要概念。Ciardiello（2002）提出問題網絡做為幫助學生理解社會科教科書中原因—結果的文本結構的策略。Williams（2005）和Dickson 等人（1995）則把焦點放在比較—對比的文本結構上（如下頁所述）。

表 4.3　文本結構、形式、信號、閱讀目標和學習策略

結構	形式	信號	閱讀目標	學習策略
主要概念	焦點放在單一主題，包括一些補充說明	定義、原則、法則	瞭解主要概念，以及能夠使用補充說明來解釋之	辨識和重述主要概念。選擇並列舉出至少三項補充說明
列舉	焦點在一般性主題，包括事實或特徵的清單	括號中的分號、數字或字母	認識一般的主題，並能列出具體的特徵	辨識和重述主題。選擇並列舉出至少四種特徵
順序	焦點在於一般性主題，包括一連串依序的相關事件或步驟	諸如：首先（first）、其次（second）、再次（third）、然後（then）等字詞	辨識主題，依序描述每個步驟，並說出步驟之間的差異	辨識和重述主題。選擇並列舉出步驟。說出從一個步驟到下一個步驟的差異
比較—對比	焦點在於兩件或更多事物之間的關係（相同或相異）	諸如：相對的（in contrast）、其中的差異（the difference between）等片語	辨識主題並討論其相似和／或相異處	辨識和重述主題。使用圖形組織圖（如雙欄位的表格、維恩圖）來說明其相同和／或相異處
分類	焦點在於將訊息依類別分組	諸如：能分類（can be classified）、被分組為（are grouped）、有兩種類型（there are two types）等字詞	辨識主題、列舉分類和分組的因素，瞭解其中如何不同，以及分類新的訊息	辨識和重述一般性主題。使用欄位表格寫出類別和相關訊息

McGee 和 Richgels（1985）推薦一個七步驟的方法，可用於任一個特定的文本結構的明示教學：

1. 選擇教科書中的某個段落，其中有你想要教授的文本結構的好例子。
2. 準備一個呈現關鍵概念，以及各概念彼此之間如何相關（該結構）的圖形組織圖。
3. 向學生介紹這個文本結構，並展示該圖形組織圖。
4. 讓學生使用圖形組織圖中的訊息來寫一段文章。
5. 鼓勵學生使用關鍵字來表達概念之間的關聯性。
6. 請學生閱讀教科書的這一個段落，並比較自己所寫的和實際的段落。
7. 幫助學生以視覺化呈現概念之間連結的型態和方式（Irwin, 1991）。

比較─對比策略

Williams（2005）教導學生如何使用 (1) 線索詞，以辨識比較─對比的文本；(2) 圖形組織圖，以呈現文本中的相關訊息；(3) 一系列的問題，以幫助學生聚焦在重點上。第一堂課的重點聚焦在貓、狗（熟悉的內容）上，以便向學生介紹這個方案。

課程內容包括：

1. **線索詞**：相像（alike）、兩者（both）、和（and）、比較（compare）、但是（but）、然而（however）、然後（then）和對比（contrast）。老師介紹這些單字，同時也簡介本課程的目的。
2. **一般圖書的閱讀和討論**：教師對全班閱讀百科全書和一般圖書，然後帶領討論其內容。老師提供目標段落中特定訊息以外的與主題有關的訊息。其目的是促進學生的動機，在某種程度上來說，是基於學生的興趣提升學生閱讀說明性文本的理解能力（Armbruster et al., 1987）。
3. **字彙的發展**：教師介紹與主題有關的字彙。
4. **閱讀和分析目標段落**：學生默讀目標段落，之後老師以朗讀方式重讀一次，

而學生只跟著讀。接著，學生使用比較—對比的結構來分析文本。學生找出呈現具體的相似處和相異處的各個句子，並圈出關鍵字。然後，請學生輪流造出描述相似和相異的句子。老師示範如何做到這一點，並對於根據段落中的訊息，且包含至少一個線索詞的組織較好的佳句給予肯定。

5. **圖形組織圖**：學生運用比較—對比模式（一個模式中比較一種特性）組織段落文章的內容。學生寫出一個結構良好的比較性說明，來符合模式中的內容。

6. **比較—對比策略的問題**：學生使用三個問題來組織他們已經寫好的說明：(1) 這一段文章是關於哪兩件事呢？(2) 這兩件事情有哪些相似之處？(3) 這兩件事有哪些相異之處？

7. **摘要（使用段落框架來協助）**：學生使用段落框架做為提示來寫摘要。這個步驟對於低年級的學生特別有助益——如同這項研究中那些才剛開始發展寫作技巧的學生們（Harris & Graham, 1999）。在後續的課程中，當學生較熟練時，就不需要框架了。

8. **課程回顧**：老師和學生複習字彙和策略（線索詞、圖形組織圖，和比較—對比的問題）。

Dickson 等人（1995）也發展了一個幫助學生找出比較—對比的文本結構的方法，並以此促進學生的閱讀理解。他們的策略聚焦在諸如**相像**（alike）、**不同**（different）、**相對的**（in contrast）、**但是**（but）等信號詞所表示的主題之間的異同。Dickson（1999）發現，比較—對比結構可以成功地在中學的融合班級中教授。下列的步驟可以幫助學生瞭解這個結構：

1. 找出比較和對比的兩個主題。
2. 尋找比較—對比的關鍵字，如：**相像、不同、但是**。
3. 決定比較—對比結構的組織。這組織可以是：
   (1) 全部—全部（whole-whole），作者以不同的段落或是每個主題幾個段落來單獨描述各主題。

(2)部分—部分（part-part），作者呈現兩個主題的詳細比較。

(3)混合（mixed），作者可能先個別討論各個主題，然後另起一個段落提供詳細的分析。

4. 找出主題是如何相同的說明。

5. 找出主題是如何不同的說明。

參見圖 4.6 比較—對比的思考學習單，可用來幫助閱讀理解或寫作計畫（Englert et al., 1995）。

| 這兩件事情有什麼可以比較和對比的地方嗎？ |

| 有什麼特徵呢？ |

| 相似處？ | 相異處？ |

| 有什麼特徵呢？ |

| 相似處？ | 相異處？ |

| 有什麼特徵呢？ |

| 相似處？ | 相異處？ |

圖 4.6　比較—對比的思考學習單。取自 Haager 和 Klingner（2005）。Copyright 2005 by Pearson Education

　　下列三個模式不是完全聚焦在文本結構上，但是會放在這一章裡，是因為它們確實強調文本的組織以及概念之間的關聯性。

多階段

　　多階段策略（Multipass strategy）乃指學生以三個「階段」來閱讀整篇的說明性文本段落（Schumaker, Deshler, Alley, Warner, & Denton, 1984）。其目的在幫助學生發現和記憶段落中的關鍵訊息。

1. 第一階段，稱為「檢視」（Survey），請學生大約花三分鐘略讀文本，以熟悉主要概念和文本組織。學生解釋章節標題，注意該章和其他章節之間的關聯性以及學習單元，並瀏覽章節介紹、標題和摘要。

2. 下一個階段，稱為「整理」（Sort-out），學生在文本中尋找特定訊息。學生可以閱讀章節末尾的問題並推測其答案來做到這一點，或者可以將各節的標題改成問題，並瀏覽各節內容來尋找答案。學生也會製作文本中所強調的關鍵字的學習卡。

3. 最後的階段，稱為「評量」（Size-up），學生閱讀文本來找到前一個步驟的問題的正確答案。學生也使用之前製作的學習卡來檢測自己。

　　教師透過解釋和示範這三步驟的每一個步驟，來教導學生如何使用多階段策略。接著，請學生輪流口頭排練每一個步驟，直到他們在沒有提示下能夠正確地完成。然後，學生使用符應自己閱讀程度的文本來練習策略，而教師則給予回饋。當學生熟練地使用多階段策略後，則應該嘗試使用較難的文本來練習策略。教師則是在多階段策略的每一個步驟中評量學生，並在每完成一章後使用閱讀理解測驗來檢視學生對文本的理解。

分層摘要法

　　Taylor（1982）建議對中學生使用分層摘要法（hierarchical summary procedure）技巧，來引導他們注意文章的組織性結構。這方法包括五個步驟：

1. **預覽**：學生預覽文本中的數頁，並描繪出文本中的章節數和文字的概貌。
2. **閱讀**：請學生閱讀各個小節。
3. **摘要**：針對每小節，學生用自己的話寫出一個主要概念；再將這些概念摘要成一些關鍵詞。
4. **學習**：當學生完成閱讀後，請學生複習自己的摘要。
5. **重述**：請學生找一位同學，以口頭重述他們學過的。

互動式教學模式

Bos 和 Anders（1992）發展了互動式教學模式（interactive instructional model），以提升學習障礙學生的閱讀理解和閱讀內容的學習。此種模式依賴語意特徵分析，以及使用關聯圖（見第三章）、關聯圖表，和互動式策略性對話。互動式教學模式的步驟如下：

1. 閱讀前，請學生腦力激盪，**列出**自己對於主題已經知道什麼。
2. 請學生使用文本中與主題有關的部分來列出**線索表**。
3. 請學生製作**關聯圖**或**關聯圖表**來預測概念之間如何相關。
4. 請學生**閱讀**，以確認自己的理解，並整合概念之間的關聯性。
5. 閱讀後，請學生**複習**和**修改**關聯圖或關聯圖表。
6. 請學生使用關聯圖或關聯圖表，來為一項測驗進行**學習**，或**寫下**自己學到了什麼。

　　學生在合作小組一起學習時應用這些步驟。隨著學生逐漸地熟練模式中這些步驟的運用和相互支援時，教師的角色則轉換為促進者（Bos & Anders, 1992）。

結語

　　雖然學習障礙學生通常對不同的文本結構不瞭解或有所困惑，但好的消息是，明示教學可以幫助學習障礙學生認識這些不同的結構，以及使用對於結構的認識，來幫助閱讀理解。這項發現似乎是對小學低年級到高中的不同年級學生而言都是真實的。不過，如 Williams（2005）所說的，即使發現文本結構策略對多數學生是成功的，但我們不能確保每位接觸此模式或策略的孩子都會改善。我們也不能認為每個孩子接觸到此模式或策略就都會改善。因此，重要的是要嘗試不同的方法，來實現對最多數學生都可能的最大效益。

❧ 文本結構教學計畫示例 ❧
（配合第四章使用）

圖畫故事

❧ 年級

小學低年級，和對回想故事有困難的學習者

❧ 目的

瞭解故事是依循著一個邏輯順序。

❧ 教學資源

索引卡
色鉛筆、麥克筆

❧ 學習內容

1. 確認你的一天有開始、中間和結尾

- 討論一天的順序：起床、換衣服、吃早餐、上學等。
- 告訴學生，他們將要寫出一個「我的一天」的圖畫故事。
- 發給學生五張索引卡，學生必須在每張卡片上畫出一天當中會做的事。
- 然後，請學生從他們做的第一件事到最後一件事，依照順序排列這些卡片。並請學生說說，如果這些事情不按順序的話，這一天可能會多麼沒意義。
- 學生們可以向一位同學或全班分享自己的故事。按照順序連結這些卡片並在課堂中展示。指出每個學生的一天都是遵循連續的順序，即使事件

不同。

● 將這些順序連結成一個連續順序的文本結構。

2. 課程延伸

● 請學生用連續圖畫來寫出自己一天的故事。

● 請學生畫一個圖畫故事,來重述一個他們讀過或聽過的故事。

● 請學生畫一個更複雜的連續順序活動的圖畫故事,如烤蛋糕或學習如何騎自行車。

❧ 在特殊需求學生上的應用

● 這項活動對於還不瞭解故事是如何組織成的學生來說,特別有幫助。將連續順序的文本結構應用在自己生活中發生的事件上,可以讓文本結構更為明確。

● 如果學生即使創作了圖畫故事,但還是沒有辦法準確地重述故事,則參考學生自己的「我的一天」圖畫故事,來提示學生依序地排列這些事件。下列意見為無法輕鬆地依序排列事件的學生提供有效的提示:「請勞記,在你的圖畫故事裡,上學前要換衣服。如果一切都沒有按照順序的話,你的一天將沒有意義。請試著依照事件發生的先後順序,來說說我們剛才讀過的故事。老鼠羅夫決定住在學校前,發生了什麼事?」

● 有時候,學生變得非常專注在依順序回想事件,因而理解力變差。在閱讀故事之後,讓學生寫出、口述或畫出五個故事裡發生的事件。允許學生隨意地記住故事裡的事件。一旦學生寫好或畫出事件後,則將那些句子或圖像剪開,然後請學生依照順序將這些重新排序組合。增加一些正確重述故事時所必須的其他重要訊息或細節內容。之後,學生就可以進行依順序寫/畫/說出故事裡的事件。

● 有些學生對有趣的情節著迷,而使他們難以摘要出最重要的訊息。以下的變化有助於學生辨識故事裡最重要的訊息:重複前述的活動,但之後

讓學生只選擇他們記得的事件中最重要的概念或事件。必要時添加訊息，以使重述故事只有包含重要的概念。

發掘文本結構

❧ 年級

小學高年級到高中

❧ 目的

辨識學科教科書中的說明性文本結構。

❧ 教學資源

文本結構提示卡

學科教科書

❧ 學習內容

辨識和區分不同的文本結構可能不容易。因此，文本結構教學需要一系列鼓勵學生學習和轉化的課程。我們建議下列一系列課程的步驟：

1. 一次只進行一種類型的文本結構的明示教學，並給予學生回饋和練習的機會。

2. 在介紹第二個文本結構時，將它和之前學過的文本結構進行比較。初期時，限制一次只比較兩個文本結構是非常有用的（如：描述和順序）。

3. 最後，當學生在課程中做有意義的閱讀時，學生可以被期待辨識說明性文本中閱讀內容的文本結構。

1. 明確地教導文本結構

- 選擇一篇短文，而這篇是你想要教授的文本結構的好例子。例如，你可能想要先開始教授描述性文本類型。

- 對學生朗讀這篇短文，並使用提示卡來示範你如何決定文本結構的類型。描述性文本結構提示卡：描述角色、特徵、和／或背景。其主要概念是「誰、什麼、哪裡、何時、為什麼，以及如何」。描述一些信號詞和片語如何幫助你決定文本結構。

- 請學生閱讀同一文本類型的另一篇文章，並請學生解釋為什麼它是描述性文本結構。這個練習將會幫助學生內化特定文本類型的定義，並提供未來必須辨識各文本類型的練習機會。

2. 介紹第二種文本結構類型

- 隔天，以另一篇短文來複習第一種文本類型。請學生說明理由。學生應該變得更熟悉定義，並能夠解釋其原因。

- 接著，介紹同一個領域中的第二種文本類型；首先，以重複上述步驟的方式介紹，然後再透過對比兩種文本類型來介紹。

3. 一旦學生熟悉文本結構，則請學生在閱讀後辨識文本結構

- 持續給予回饋，並持續進行閱讀的文本結構（如，對照）與彼此相關聯的訊息和理解之間的連結。

- 如果學生無法辨識文本結構，則視需要提供額外的教學。

❧ 在特殊需求學生上的應用

　　儘管一些學生很快地就瞭解文本結構的形式，但另一些學生則可能有困難。許多應用新概念有困難的學生在一開始就沒有充分地學會文本結構（Bransford, Brown, & Cocking, 1999）。如果學生不能夠使用特定的文本結構來閱讀文章段落，或者如果他（她）不能辨識文本結構的類型，請提問下列問題和再次教導，或視需要提供更多的練習。

● 學生能辨識練習短文的文本結構嗎？如果不能：

◇ 選用其他短文進行額外的直接教學。

◇ 提供常用的文本結構的短文或例子。

◇ 當寫出文本類型的短文時「放聲思考」，圈出可能出現的特徵或信號詞。

◇ 示範如何使用提示卡來理解文本結構。

◇ 請學生使用文本結構寫一篇短文。

● 學生能提出特定文本結構的理由說明嗎？例如，「我知道這是一個問題—解決方案的文本類型，因為哥倫布希望找到一個較短的路線到亞洲，所以他要求國王給他一艘船和船員，以便能找到一個較短的路程來解決他的問題。」如果學生不能提出理由：

◇ 提供更多的練習短文，讓有困難的學生和熟悉文本的學生一起合作。起初，合作夥伴可以先說明理由，而有困難的學生則是重複即可。之後，有困難的學生可以說明理由，而合作夥伴則可以給予回饋。

● 學生能區分兩種文本結構的類型嗎？如果不行；

◇ 重複上述的建議，然後提供更多區分兩種文本類型的練習機會。

◇ 選用範例短文，並提供兩張提示卡供學生選擇。請確認學生使用提示卡來說明自己選擇兩個文本結構其中一個的理由。

● 學生能在明示教學和成功地完成練習後，辨識正在閱讀的文章的文本結構嗎？如果不行：

◇ 請學生有系統地使用提示卡，來確定出現了從描述到問題—解決方案中的哪一種文本結構。

◇ 請確認文本結構是清楚的。有時，一篇短文會出現超過一種以上的文本結構（例如，因果關係和問題—解決方法）。如果學生能提出一個可接受的理由說明，代表學生已經熟練了。

◇ 檢視理解。如果學生能理解和記住重要的訊息，對這位特殊學生來

說，辨識文本結構可能不是一個適合這個學生的基礎策略。

CHAPTER 5
提升閱讀理解的教學實務

學習重點

1. 閱讀本章前，先檢討你在教室裡所使用過的閱讀前、閱讀中及閱讀後的閱讀理解策略。這些策略中，有哪些策略對於理解和記憶閱讀內容有困難的學生特別有幫助？有哪些策略並不如你所預期的有效用呢？

2. 閱讀本章時，請記下你可能會想要運用的策略。而這些策略和你目前正在使用的策略有何相似或相異之處呢？

3. 閱讀本章後，回頭檢視你所記錄的策略清單，並選擇一個你和其他學習小組成員會使用的新策略。擬訂一個計畫，包括你將如何：(1) 在你的閱讀課程中整合策略；(2) 向學生介紹策略；以及 (3) 監控學生的進步情形。請確實訂定檢核的時間，並分享經驗。

4. 閱讀本章後，檢討你目前在任一學科領域中教導學生新策略的方法。你如何以自身的經驗來規劃有效實施本章所建議的策略呢？

　　本章的重點在於：教導學生在閱讀前、閱讀中及閱讀後使用閱讀理解策略，來幫助自己瞭解和記憶閱讀內容的有效教學方法。大多數的時間，成熟的閱讀者會無意識地監控理解，或者至少他們不會總是意識到自己正在使用所謂的自我思考、提問和監控等後設認知策略。經驗豐富的閱讀者確認自己的閱讀理解策略的好方法，就是閱讀不熟悉的文本。當你閱讀下面的文章時，請想想你所使用的策略。

　　除了減少處理過程中細菌和懸浮粒子的濃度，原生動物也是生物性指標。原生動物的存在反映了污水品質的改善且是產生優質污水的要素。
（Lee, Basu, Tyler, & Wei, 2004, p. 371）

　　當我們遇到較困難的文本時，即使是能力好的閱讀者也會明確地使用策略。你如何解讀上面這段文章？你有發現自己重讀了文本的要素嗎？你是否想知道某些單字的意思，如：effluent（污水）或 biotic（生物性）？我們猜想，大多數沒有科學背景的我們可能會發現，將我們對類似主題的理解與這段文章的訊息連結是非常有用的。如果這個主題是我們不太熟悉的，那麼先瞭解這段文章的關鍵概念可能會有所幫助，如此一來，前段文章主要是有關污水處理廠中微生物含量是水質的重要關鍵。此外，我們也經常談論到有「目的」地閱讀是多麼重要。你是否從閱讀這段文章的目的中受益呢？當閱讀者擁有有效的閱讀策略，以及有發問和與他人討論閱讀內容的機會時，有助於閱讀帶有不認識的單字和概念的不熟悉文章。在本章中，我們將回顧閱讀理解教學，以及教師可以如何有效地幫助學習障礙學生和其他對閱讀內容有理解困難的學生提升閱讀理解力。

學習障礙學生的閱讀理解教學實務

　　教師可以進行什麼樣的教學實務，以提升閱讀理解困難學生的閱讀理解呢？請先思考已在第一章提過的提升閱讀理解的相關技巧：識字、流暢度、字彙和世界知識。閱讀理解要仰賴融入於日常教學中的各種教學實務，其中包括本章所介

紹的閱讀理解策略和技巧。

關於閱讀理解的有效教學，已有許多有價值的背景知識的資源。其中一項是國家閱讀委員會報告（National Reading Panel report）（National Institute of Child Health and Human Development, 2000）所整理的閱讀理解介入策略。雖然不是特別針對有閱讀困難或學習困難的學生，不過該委員會基於 203 個提升閱讀理解成果的相關研究，歸納出提升閱讀理解的介入實務，包括：

● 教導學生在遇到理解文本的困難時，監控自己的理解，並運用方法。
● 在閱讀上下文中應用理解策略時，採用合作學習的做法。
● 提供幫助學生寫出或畫出故事內容相關性的圖形組織圖和語意組織圖。
● 提供提問策略的支持，透過：(1) 幫助學生在回答該文章關鍵性問題時的故事結構法；(2) 正向回應學生對有關文本問題的回答；(3) 提供機會讓學生發問和回答自己關於文本的問題。
● 教導學生寫出閱讀內容的重要概念，以及在閱讀一長段文章之後摘要這些重要概念。
● 教導學生使用整合和應用數種策略的多元策略（multicomponent strategies）。

本章介紹有效提升閱讀理解的策略、技巧和實務。整合各種技巧的多元策略將於第六章中介紹。

閱讀前

教師可以在閱讀文本前做些什麼，來促進有明顯閱讀理解困難的學生的閱讀理解？最有效的方法之一是與基模理論有關（已在第一章提及）。使用適切的基模將同時影響理解和記憶。即便教師只花幾分鐘時間連結學生的背景知識——這即是活化基模——和將要閱讀的文本，以提升學生對該文本的理解（Palincsar & Brown, 1984; Paris & Oka, 1986; Pressley, 2000）。對熟悉文章內容的學生而言，連結相關背景知識和文本，是非常容易的。換言之，能力弱的閱讀者可能先備知

識不足，或者他們可能無法進行他們所知道的和正在學習的之間的連結。確實，當閱讀者試圖使用與文本最重要概念無關的訊息進行連結和推論時，先備知識甚至可能妨礙理解（Williams, 1993）。因此對教師而言，重要的是，為學生創建一個透過辨識關鍵概念、想法、單字，然後預先教導這些來促進理解的情境，尤其是在閱讀說明性文本時（Readence, Bean, & Baldwin, 1998）。這樣的文本導入為許多學生提供足夠的背景知識，來為閱讀和從閱讀中學習做好準備。

成功地將學生知道的或必須知道的與他們正在學習的內容接軌是最基本的。Graves、Calfee、Graves 和 Juel（2006），以及 Graves、Juel 和 Graves（2001）建議下列的閱讀前活動：

- 設定閱讀目的。
- 激發學生的閱讀動機。
- 預先教導關鍵的字彙和概念。
- 將學生的背景知識和經驗與該閱讀連結。
- 讓閱讀與學生的生活產生關聯（建立連結）。
- 建立學生對文本特性的知識。

設定閱讀目的

閱讀是一個有目的性的活動。當你想知道如何更換爆胎的腳踏車輪胎時，你會拿起腳踏車的維修說明書快速翻找輪胎的章節。如果你正在研究電腦的歷史，你可能會選擇一本有關電腦使用的演進，以及電腦一直以來對社會之影響的書籍。如果你對冒險旅遊有興趣，你可能會找一本有關一個人搭乘熱氣球環遊世界的書籍。不論你是因興趣而閱讀、為了獲取事實的或程序性的知識，或者是為了學習像如何賞析詩詞等技巧，意識到閱讀目的是重要的第一步。

儘管能力好的閱讀者很容易就知道為什麼要閱讀特定的文本，但是有閱讀困難的閱讀者則可能在設定閱讀目的上需要協助。Blanton 和同事們建議：對有閱讀困難的閱讀者而言，最好只設定一個閱讀目的，而不是多個目的（Blanton,

Wood, & Moorman, 1990）。此外，這個閱讀目的應該夠廣泛，足以應用在整體的閱讀選擇上。Cunningham 和 Wall（1994）也建議：為學生提供閱讀目標，或是閱讀後要求學生參與作業的引導。例如，第一次使用顯微鏡之前，老師可能想要學生建立顯微鏡是什麼，以及如何使用顯微鏡的背景知識。老師可能會說：

> 「今天是我們第一次使用顯微鏡。為了說明為何使用顯微鏡，我們將閱讀有關顯微鏡的歷史，以及在科學實驗室裡如何使用顯微鏡。」

這個簡短的閱讀介紹引導學生有效地閱讀。學生不需要記憶或評論文本，但可以獲得在使用顯微鏡來分析科學樣本活動中所需的背景知識。在多數的情況下，閱讀目的的設定包括簡要地說明**為什麼**學生要閱讀這些讀物。

文本預覽

文本預覽（text preview）是一種激勵學生為了理解而閱讀的技巧，主要是透過提供一個讓學生能整合先備知識與文本的結構（Graves, Prenn, & Cooke, 1985; Graves et al., 2001）。在本章末，我們提供了一個如何和學生預覽文本的教學計畫示例。以下是我們蒐集的一些非常有效的文本預覽的做法。

教師提示的文本預覽

教師提示的文本預覽（teacher-presented text preview）是由教師事先準備和提示的，教師提供一個組織性的架構，協助學生將自己的經驗帶入閱讀中，透過 (1) 引導學生進入新的閱讀；(2) 討論故事中有趣的地方；(3) 將文本與學生的經驗和知識連結，並提出問題來引導閱讀。接著，我們以兒童新聞週刊所刊載的有關抽菸的說明性文章為例，介紹文本預覽的三個步驟（Lorio, 2006）：

1. 從文本中選讀一小段文章，或是提供文章中激發學生閱讀興趣的有趣訊息。
   例如：「你知不知道，每天大約有 4,000 個兒童嘗試第一次吸菸？」

2. 簡要描述主題或故事結構。例如：「這是一個關於盛行吸菸，以及一群兒童如何在他們的社區裡成功推動反吸菸運動的故事。」

3. 提出問題來引導閱讀。例如：「故事裡的兒童們透過什麼方式來表達吸菸的危害呢？」

互動式文本預覽

另一種文本預覽的形式是互動式的。互動式文本預覽（interactive text preview）的形式包含學生間的討論和想法，然而仍是由教師引導預覽。策略之一是製作一張 K-W-L 表（已知 [know]、欲知 [want to know]、學到 [learn]）（Ogle, 1986, 1989）。K-W-L 表可以在整個班級、小組、兩人一組，或是個人的活動中使用。這項活動有多種版本，在此，我們提供一個較常用的版本：

1. 發給每位學生一份閱讀教材和一張 K-W-L 表。

2. 在閱讀前，教導學生預覽文章，包括觀察如標題和副標題、圖片和圖片說明，以及粗體字或斜體字的一些特性。

3. 之後，學生使用 K-W-L 表（不論個人或整組），在表中的第一欄記錄「我已經知道的」有關這個主題的內容，在第二欄記錄「我想要知道」（參照圖 5.1）。

4. 閱讀時，學生在 K-W-L 表的第三欄記錄「我學到的」，即從文本中學到和他們已經知道的或是想要學的有關的東西。

5. 閱讀後，回頭檢視 K-W-L 表，以做為閱讀的總結。帶領學生討論，回顧他們已經知道的和文本中如何描述他們已經知道的、他們學到什麼新的東西，以及什麼是他們還需要確認或學習的。

姓名：		
主題：		
K-W-L		
我已經知道的	我想要知道	我學到的

圖 5.1 K-W-L 表。改編自 Ogle（1986, 1989）。Copyright 1986, 1989 by The International Reading Association

　　確認指引表（confirmation guide）則是傳統 K-W-L 表的變化版（Texas Education Agency, 2001；參見圖 5.2）。確認指引表的目的是幫助學生建立先備知識和所閱讀的內容之間的明確連結。和 K-W-L 表相同的是，學生先預覽文本，然後寫出他們已經知道與主題有關的事。在寫出他們已經知道與主題有關的事之前進行預覽文本的目的是，幫助學生奠定將要閱讀的特定文本的先備知識之基礎。例如，在針對鯨魚的一般性腦力激盪的討論中，學生有可能提供一連串有關或無關的訊息。然而，在預覽瀕臨絕種的座頭鯨之後，教師可以引導學生連結他們已經知道的關於瀕臨絕種物種和座頭鯨的先備知識。閱讀時，學生提出確認或反駁自己的先備知識論述的訊息。學生提出這些訊息的「證據」，包括在哪一頁讀到訊息的頁數。在閱讀後，教師再次帶領討論：在閱讀中學到什麼、如何與先備知識連結，以及先前對主題的理解有何新訊息的增加或改變。

　　概念或語意地圖（已於第四章介紹）也是合適的文本預覽活動。這些視覺化圖像用來呈現關鍵概念和字彙，以及連結先前已經學過的教材。這樣的策略包括下列步驟：

姓名：		
主題：		
確認指引表		
我已經知道的	我學到的	頁數

圖 5.2　確認指引表。改編自 Texas Education Agency（2001）和 University of Texas Center for Reading and Language Arts（2001）。Copyright 2001 by Texas Education Agency

1. 告訴學生文本的主題或重要概念（big idea），並辨識關鍵概念（key concept）或字彙。將重要概念寫在白板或黑板上的中間圓圈內。
2. 請學生將重要概念與自己已經知道關於主題的事情連結。組織重要概念和學生所提出的背景知識的描述，並畫出彼此的關聯線。
3. 使用概念構圖來辨識和簡要說明有誤解的地方；澄清概念和其關聯性。
4. 請學生藉由閱讀題目、標題和圖像，來預測自己將會學到什麼。

　　雖然教師們普遍都會進行文本預覽的活動，若考量下列原則將可能有所助益：

● 準備和帶領預覽。大多數情況下，即使學生在進行合作學習的討論，由教師引導預覽活動仍然是適切的。教師 (1) 提供連結，或激發學生提出連結以活化背景知識；(2) 散置激發學生動機的「掛鉤」（hooks）；(3) 確認關鍵概念和字彙。

● 保持簡短。不要讓預覽活動的時間過長；5-10 分鐘通常已經足夠。

● 閱讀後，再進行一次預覽活動，藉以幫助回顧、摘要和連結。

　　提供閱讀目的、預覽和建立背景知識的幾分鐘精心規劃的時間，將對學生的閱讀理解產生額外效益（Chen & Graves, 1995; Dole, Valencia, Greer, & Wardrop, 1991）。

閱讀中和閱讀後

　　學生在閱讀時所使用最重要的策略，是那些幫助他們監控理解的策略（National Institute of Child Health and Human Development, 2000）。大家都還記得，當我們正在閱讀和翻閱書頁但其實並沒有監控正在閱讀的內容的時光吧。突然間，低下頭一看，才注意到離我們記得的最後正在閱讀的內容，已經又翻了好幾頁。在其他情況下——就如本章一開始的說明性文本的例子，文本是密密麻麻、非常困難的，所以我們在閱讀時不容易理解。那該怎麼辦呢？大多數人會回過頭去快速重讀，並且試圖修補我們所錯過的。有時候我們透過補充更多背景知識的訊息，或是找出不熟悉的單字或概念的意義來尋求協助；有些時候，則是期待在閱讀中找到解釋性的訊息。

　　教師如何才能確定學生在監控他們的理解呢？多數的學習障礙學生必須學習和成熟的閱讀者所使用的相同的修復策略，包括：(1) 辨識何時理解失敗；以及 (2) 知道如何修補他們所錯過的。這些策略可以教授給學生（Pressley, 2000）。教師可以透過下列方法來幫助學生使用閱讀理解策略：

● 鼓勵學生在閱讀時監控自己的理解，並記下困難的單字、概念或想法。
● 在閱讀時問學生問題，來引導和聚焦學生的閱讀。
● 讓學生聚焦於需要推論的文本的面向上。
● 要求學生在閱讀時，摘要文章的主要概念。
● 提醒學生思考在閱讀前的預測，並確認預測正確與否，或延伸這些預測。
● 讓學生有回應和說明自己閱讀內容的機會。

● 允許學生提出有關閱讀內容的問題，然後回答這些問題。
● 要求學生摘要閱讀內容的關鍵概念。

　　或許有關提升閱讀理解最重要的活動之一，是關注學生在閱讀後要做什麼。學生從摘要閱讀內容的關鍵概念，以及用寫出、畫出、討論等各種方式回應閱讀中受益。在閱讀後，學生能辨識出困難的概念或單字，並尋求澄清。對有閱讀問題的學生來說，學習在閱讀中和閱讀後應用的最有效策略是：(1) 提問；和 (2) 找出主要概念和摘要。教授這些策略的教學實務將分別探討之。

提問

　　教師更具挑戰性的工作之一，是提出鼓勵學生思考閱讀內容的問題。教師將問題（questions）視為一個確認學生是否真正理解和連結文本的工具。聰明的提問（smart questioning）是評量閱讀理解的一項基本特點，也是擴展理解閱讀內容的一個工具。另一方面，許多教師提問的問題，會限制回應和批判性思考。提問一些激勵和吸引學生以促進理解的好問題是一項技巧。雖然提問可以發生在閱讀前、閱讀中和閱讀後，但是一些最重要的提問卻是出現在閱讀後。接下來，我們提供策略以便讓更多的教師和學生更瞭解如何提問。

教師引發的問題

　　在一項教師提問的經典研究中，Susskind（1979）指出，三至六年級教師在 30 分鐘的時間內，平均約提問 50 個問題；同時，學生的發問卻少於兩個問題。此外，教師等待學生回應的時間通常不到兩秒，對於低成就的學生甚至更少（Stahl, 1994）。讓學生在換下一位同學回答或回答教師發問的問題前，教師給予多一點點的「等待時間」，將對學生有所助益！即使只有三秒鐘安靜的等待時間，便可能有下列的益處（Rowe, 1986; Stahl, 1994）：

● 學生的回應更長、更準確。

● 回應「我不知道」和沒有答案的人數減少。

● 班級中正確回答的人數比例增加。

● 教師引發的問題減少，但問題類型的品質和變化增加。

　　提出有效的問題有許多影響因素。問題的類型應該與正在教授的內容和技巧有關。然而，有些問題導致較短的、事實性的答案，有些問題則是鼓勵討論和評量教材。瞭解「為什麼」自己要問問題和期待從學生那裡獲得什麼回應的教師，能夠提問可以產生較好的回應的問題。圖 5.3 提供了一些建議，以幫助教師提出促進學生理解的思考性問題。

確定內容焦點：
● 確定重要的事實、技巧和內容。
● 確定是否所有的學生都必須學習所有的內容（即，回答所有的提問）。

確認問題的目的：
● 思考課堂目標和技巧。例如，問題可以設計成；激發學生動機和鼓勵學生、確認理解、考前複習、提示學生重要的內容、強化知識、形成和聆聽新的觀點、讓學生將學習轉化到其他情境等。
● 發展閱讀理解特性的問題。可以詢問關於主要概念、順序、背景、情節、細節、字彙、推理、評價或創造性的回應等特性的問題。

選擇問題的程度：
● 提問各種類型的問題。問題可能需要事實性的回應、連結、分析、創造、評價或應用。
● 確認學生擁有回答問題的技巧。如果沒有，則需教導這些技巧。

鼓勵深度回應：
● 要求學生使用文本中的訊息來支持自己的看法。
● 依據學生需求提出個別化問題。例如：一位學生可以回答「外婆來時，孫子感覺如何？」而其他學生可能需要下列問題以提供較多的訊息：「外婆來時，為什麼孫子覺得生氣呢？」
● 使用特定的術語引導學生回答問題。例如：要求學生預測、比較或對比，或推論。

思考問題的措辭：
● 問題要明確，且不要太長。學生只能回答他們聽得懂的問題。不要在一個提問中問太多問題。

圖 5.3　準備有效的提問。改編自 Walsh 和 Sattes（2005）。Copyright 2005 by Corwin Press

　　教師往往忽略了學生回答提問所需的技巧。在普通教育的課室裡，比起一般成就的同儕，低成就學生和學習障礙學生不但很少發問，而且也極少回答提問（McIntosh, Vaughn, Schumm, Haager, & Lee, 1993）。教導學生如何回答教師引發的問題，是為了讓學生從討論閱讀內容中受益而做的準備。教導學生下列的方法，可以在整理（組織）回答教師引發的問題的過程中幫助學生（Gall, 1984; Walsh & Sattes, 2005）。教師可以發給學生一張問題提示卡，來引導學生回答問題。例如，對於一個經常未經思考就脫口說出答案的學生，教師可以提示學生，依照提示卡上的步驟來回答較有思考性的答案：

1. 注意聽問題。
2. 想想要問的問題是什麼。
3. 自我回答。
4. 大聲回答。
5. 如有必要，再想想看，然後再試一次。

　　對於回答教師引發的問題或章節末尾的問題討論有困難的學生，另一種有助益的策略是，教師實施辨識和區分各種問題類型的明示教學（Blachowicz & Ogle, 2001; Bos & Vaughn, 2002; National Institute of Child Health and Human Development, 2000; Raphael, 1986）。Raphael（1986）發展了「問題—答案關係」（question-answer relationships, QARs）來教導學生回答各種不同類型問題的策略。學生透過用來回答問題的訊息類型，來學習分類問題。下列介紹的技巧是教授具體的 QARs，並讓學生實際練習。學生可以使用下列 QAR 問題類型來分析和回答老師引發的問題或提出自己的問題：

1. **就在那裡**（Right There）：這些字面性問題的答案可以在文本中的一個句子裡發現。例如：「喬治・華盛頓是何時出生的？」
2. **思考與尋找**（Think and Search）：要找到這類型問題的答案，學生必須整合閱讀中一個地方以上的訊息來做出結論。因為這些問題比較複雜，往往需要

一個句子或甚至更多句子才能回答。例如：「可能會影響全球暖化的因素是什麼呢？」

3. **作者與你**（The Author and You）：這些問題需要學生將文本中的訊息和他們已經學過的連結，並且可能需要學生思考自己的經驗和意見，或是延伸到他們已經學過的。這類型問題讓學生瞭解：回答問題所需的一些訊息是來自本文，而其他訊息則是來自你已經知道的一些事物。例如：「如果你站在 Simone 的立場，你可能會怎麼做？科曼奇族（Comanche）與其他我們學過的美國原住民有何類似的地方？」

4. **我自己的**（On Your Own）：這些問題會從閱讀者自身的經驗來回答，而不需要文本中的訊息。許多在閱讀前用來活化學生先備知識的問題，都是「我自己的」的問題。而閱讀後的延伸活動，教師往往會問「我自己的」或「作者與你」的問題類型，來連結學生已經知道的與學生剛才閱讀的內容。例如：（閱讀前）「到目前為止，你學過哪些有關細胞有絲分裂的事呢？」（閱讀後）「現在，我們已經閱讀了有關全球暖化如何影響季節的內容，那麼全球暖化可能會如何影響我們的社會呢？」

許多教師很難區分「作者與你」和「我自己的」的問題類型。區分這兩者的目的是為了釐清有一些問題主要是根據背景知識的，可以不需要閱讀文本就能充分地回答的；其他問題可以不需要閱讀文本就能回答，但是我們期望在閱讀後能夠有更多有訊息依據的回應。例如，前面提過的有關全球暖化的問題是依據「我自己的」經驗的問題，因為它不需要閱讀文本就能回答。然而，一旦學生閱讀過有關全球暖化和季節的文本，他們應該能夠使用從閱讀中獲得支持他們想法的訊息，來提供更多更深入的回應。確實，這個問題可能不是「我自己的」就是「作者與你」的類別。有些教師決定結合最後兩種問題類型。

多數學生發現，用問題提示卡幫助自己使用 QAR 類型分析問題是很有幫助的。每張提示卡包含問題類型、簡要的定義，以及示例。圖 5.4 為「思考與尋找」問題提示卡示例。

「思考與尋找」
☐問題是可以透過在故事裡查找來回答的。 ☐答案都比較複雜；答案都是一個或一個以上的句子。 ☐在一個以上的地方找到答案，並組合在一起。你必須整合在故事中的不同句子、段落或 　頁面裡的訊息。
範例： ☐要回答「影響企鵝遷徙的因素有哪些？」，則需要出現在文本中不同頁面裡描述原因的 　好幾個例子。

圖 5.4　「思考與尋找」問題提示卡示例。改編自 Texas Education Agency（2001）和 University of Texas Center for Reading and Language Arts（2001）。Copyright 2001 by Texas Education Agency

學生想出的問題

　　到目前為止，我們都側重於教師引發的問題。設計包括要求學生做出結論、應用所學、分析所讀，以及綜合和評價文本等等問題的教師，提升了學生對閱讀的瞭解和知識。然而，無論是多麼有趣的問題，學生仍受限於回答教師所提出的問題——一個相對被動的活動（Kamil, 2004）。因此，不只是教師提問好問題很重要，教導和提供時間讓學生發問和回答自己的問題也同樣重要（National Institute of Child Health and Human Development, 2000）。發問問題有助於學生參與文本、監控自己的理解、記憶閱讀過的內容，以及連結正在學習的和已經知道的。一個非常有效的技巧是教導學生在閱讀後，使用前面介紹過的 QAR 問題類型來發問問題。例如，閱讀後，學生可以想出有關閱讀內容的各個 QAR 類型的一個問題。為了加強學生在閱讀時學到的內容，學生們可以彼此發問自己的問題。

　　學生提問的一個基本要素為直接教學的提供，當學生學習如何發問和回答問題時，給予學生支持和回饋。熟悉 QARs 的學生仍然需要學習如何產生問題，而教師可以依據學生的經驗，調整示範和練習。如果學生不熟悉問題類型，則同時進行有關問題類型以及如何產生問題的教學。要做到這一點，則以說明問題為

何,以及放聲思考如何發問和回答這個問題的方式來教授問題類型。例如,在介紹「就在那裡」的問題類型時,你可以這麼說明:

> 今天,我們將要學習第一種問題類型。我們稱之為「就在那裡」的問題,因為用來回答一個「就在那裡」問題的訊息,可以在閱讀中的某一個地方發現。回答「就在那裡」的問題通常是容易的,而且只需要一點點思考或努力。請看我們剛閱讀過的喬治‧華盛頓的文章。我會看到這裡寫著「喬治‧華盛頓生於 1732 年 2 月 2 日」。這看起來就是一個「就在那裡」的答案,因為它是一個事實,並且在一個句子裡就說明了全部。我的問題是:「喬治‧華盛頓是何時出生的?」而答案就在句子裡。

之後讓學生練習,而教師進行監控,並給予回饋。當學生清楚瞭解什麼是「就在那裡」的問題時,就是學生做好寫下自己問題的準備。一旦學生熟悉了問題類型和如何產生這些類型的問題,學生就可以應用他們的技巧,透過兩人一組或小組中合作的方式,使用下列的步驟來發問和回答問題。

1. 學生閱讀教師指定的章節(例如,一起朗讀、輪流閱讀、組員一個接著一個讀)。
2. 每位小組成員至少想出有關閱讀內容的三個問題。
3. 每位學生對兩人一組的另一個夥伴或小組成員提出自己的問題,並提供回饋。

教師可以透過告訴學生要想出哪一種類型的問題,為有閱讀障礙的學生修改提問的問題。例如,一個對基本理解仍有困難的學生,可能會被要求想出並回答三個「就在那裡」的問題,而其他學生可能被要求想出並回答每種類型各一個問題。此外,難以想出問題的學生,可以依自己的程度來進行,但是仍然要回答其他學生想出的各種問題。

相同的方法，可以用在想出較熟悉的問題類型（即五個 W 和一個 H：誰 [who]、什麼 [what]、何時 [when]、何地 [where]、為何 [why]，以及如何 [how]）。對於這些問題，學生首先要學習想出「誰、什麼、何時和何地」的問題，然後再到「為何和如何」的問題。

對於真實性的教材——例如一些社會科和科學教科書，教導學生在閱讀時問自己「為什麼」的問題，則是特別有效果的。當學生閱讀時，教導學生不斷地問自己為什麼事實會這樣。在一項針對四年級到八年級科學課程的研究中，學生問自己「為什麼事實會這樣？」（例如，為什麼臭鼬吃穀類呢？為什麼貓頭鷹要捕食臭鼬？），然後試著用先備知識來回答「為什麼」的問題（Pressley, Schuder, SAIL, Bergman, & El-Dinary, 1992; Wood, Pressley, & Winne, 1990）。學會問「為什麼」問題的學生，比閱讀文本而不問問題的學生，更容易記憶閱讀的內容。這個方法非常有效，因為它幫助學生連結相關的先備知識和正在閱讀的內容，讓學生更難忘記正在閱讀的事實。

結合教師和學生的問題

教師要引導學生提出並回答與閱讀內容有關的有意義問題，一個有效方法是質問作者（questioning-the-author）的技巧（見表 5.1；Beck, McKeown, Sandora, Kucan, & Worthy, 1996）。使用這項技巧的教師有明確的目標和各種協助學生達到這些目標的提問。這項技巧的概念是學生從思考作者為什麼這麼決定，以及如果學生遇到作者時會想要問什麼問題或給什麼意見中受益。例如，閱讀蘇斯博士（Dr. Seuss）的《羅雷司》（*The Lorax*）之後，一個學生問：「為什麼蘇斯博士沒有畫出萬事樂（Onceler）的圖像呢？」這個問題引發學生和教師之間的熱烈討論：作者為什麼會選擇讓主角之一從我們的視線中隱身，以及這個選擇如何影響我們理解和解釋故事。根據 McKeown 和 Beck（2004）所言，「在這項技巧中，意義的發展著重於閱讀者在閱讀時與文本的互動，在全班討論中以『閱讀者—文本』的互動為基礎，並鼓勵針對文本問題提出解釋性和有證據依據的回應」（p. 393）。歷經對許多教室的研究，McKeown 和 Beck 發現，當教師和學生使用這種新立場來閱讀和提問時，討論的形式從學生提出對模擬測驗問題的猜

表 5.1 引導討論「質問作者」的提問技巧

目標	提問
引發討論。	● 作者想說的是什麼？ ● 作者要傳達的訊息是什麼？ ● 作者在談些什麼？
協助學生聚焦在作者的訊息上。	● 那就是作者所說的，但是，那是什麼意思呢？
協助學生連結訊息。	● 如何連結作者已經告訴我們的訊息？ ● 如何符合作者已經告訴我們的訊息？ ● 作者在這裡增加什麼訊息來連結或符合＿＿＿＿＿＿？
辨識作者呈現訊息或概念的方式的困難。	● 這有道理嗎？ ● 它說得清楚嗎？ ● 作者解釋得清楚嗎？為什麼清楚或為什麼不清楚？漏掉什麼了？我們需要瞭解或發現什麼？
鼓勵學生參照文本，不論是因為學生誤解文本的敘述，或是幫助學生確認自己所做的推論。	● 作者告訴我們的是這樣嗎？ ● 作者給我們的答案是這樣嗎？

註：引自 Beck、McKeown、Sandora、Kucan 和 Worthy（1996）。Copyright 1996 by University of Chicago Press

測性答案，轉換為包括教師和學生雙方的提問，以及建構和思考新的概念的合作討論。

　　另一個結合高品質的「教師引發的問題」與「學生想出的問題」的技巧，是交互提問法（ReQuest）（Manzo & Manzo, 1993），其步驟如下：

1. **默讀**。教師和學生各自安靜地閱讀一個段落。
2. **學生提問**。教師示範如何回答問題，和如何修潤學生的問題。學生提問，由教師回答問題。
3. **教師提問**。教師示範如何提問適當的問題。學生回答問題，而教師透過修潤學生的回應來協助。

4. **整合文本**。重複同樣方法閱讀文本的下一個段落。這一次要整合前面的段落和新閱讀的段落。以這兩個段落內容為依據，進行提問和回答。

5. **預測問題**。在學生閱讀了足夠的段落之後，便能預測後續的文本內容，此時則請學生暫停並做出預測。

6. **閱讀**。閱讀到文本的結尾來驗證預測，並討論預測有何改變。

　　或許，那似乎顯得要耗費很多的時間來教導學生發問的技巧。但是，請記住，有強力的證據顯示，當教師使用有效的提問策略，以及當教師支持學生發問和回答學生自己對於閱讀段落的問題時，可以促進學生的閱讀理解。有關如何在閱讀理解教學中融入有效提問的更多做法，請參閱第六章。

闡述主要概念和摘要

　　或許判定真正理解閱讀內容的最好方式，是透過我們能將一個主要概念（main idea）描述得多好和多正確，以及摘要我們的理解。雖然用詞有所不同，一般來說有兩種方式用來思考這些重要的技巧。首先，閱讀者需要辨識文本的核心訊息或一小部分的「要點」。我們將這種技巧稱為找出主要概念。其次，閱讀者必須知道如何整合文本的許多部分（例如：幾個段落、一整頁的一節、一章），來做出只包含最重要訊息的摘要。

　　無論學生是否正在閱讀一小部分的文本或是大部分的文本，當被要求摘要所閱讀的內容時，學生常常會犯了下列一個或甚至更多的錯誤：

● 寫出所有事情。
● 寫出選擇的細節。
● 一字不漏地照抄。
● 沒有寫任何東西。

　　相反地，當我們教導學生在閱讀後摘要的策略時，他們學會做到以下幾點：

● 區分重要訊息和細節。

● 使用關鍵字彙或概念。

● 綜合訊息。

● 使用自己的話。

● 只寫出呈現主要概念的必要內容。

　　雖然我們將這些策略分為主要概念和摘要兩個部分，你會看到許多主要概念技巧可以延伸到文本較長篇的部分，以及許多摘要策略也可以被簡化用於段落或短篇小節。在一般情況下，如果學生無法辨識所閱讀內容的關鍵概念，而你也已經教過（且學生已經學過）主要概念或摘要策略，那麼就要縮減文本的篇幅長度。

主要概念

　　有時，主要概念會很明確地被描述出來（如在主題句裡），但有時候，主題概念是隱含的，且必須推論而得。知道如何建構閱讀內容的主要概念是很基本的，因為它可以幫助學生辨識什麼是必須知道和必須記憶的重點（Williams, 1988）。學習如何描述或敘寫一個主要概念，對學習障礙學生來說甚至可能更為重要，因為即使當閱讀段落的難度增加時，他們也不常使用理解策略（Simmons, Kame´enui, & Darch, 1988）。幸運的是，當學生被教導如何明確地和系統地辨識主要概念時，已被證實在閱讀理解上是有提升的（Graves, 1986; Jenkins, Heliotis, Stein, & Haynes, 1987; Jitendra, Cole, Hoppes, & Wilson, 1998; Jitendra, Hoppes, & Xin, 2000; Wong & Jones, 1982）。此外，直接教學結合策略教學，是對學習障礙學生提供有力介入的最佳組合（Swanson, 1999, 2001）；因此，同時包含直接教學和一個策略要素兩者的主要概念教學，是有可能達到最好的結果。

　　找出段落的主要概念的能力，是能夠摘要敘述更大量文本的基礎。儘管有不同的方式可以理解段落（文章）的主要概念，但都包含了辨識段落的主題，以及與主題相關的最重要概念。

　　Jitendra 等人（2000）結合策略教學和直接教學來為學習障礙學生提升主要

概念的應用，而學過這個策略的學習障礙學生，明顯勝過接受一般閱讀教學的學生，而且其效益可以持續維持一段時間。這項研究中，以八次 30 分鐘的課程來教導中學生使用主要概念策略。教學時間的長短是必須注意的，因為教導閱讀理解策略（或者任何學習策略等）都是很花時間的。當學生無法應用某個特定的策略，通常都是因為學習初期就沒有學好的緣故（Bransford, Brown, & Cocking, 1999）。在 Jitendra 和其同僚所發表的技術報告中，介紹了教師透過一系列步驟來教導辨識主要概念的技巧：

1. 展示主要概念策略。首先將主題命名，然後分類行動。
2. 透過閱讀段落來示範策略的應用。
3. 示範自我監控提示卡的用法（見圖 5.5）。
4. 提供引導的機會，然後以自我監控提示卡來各自練習使用主要概念策略。在這一步驟，教師監控表現和提供改善的回饋。

找出主要概念

這個段落説明了：

主題是什麼（what）或是誰（who）？　　　　　行動是？
（個人或團體）　　　　　　　　　　　　　　（種類）
為何（why）發生？
在何地（where）發生？
在何時（when）發生？
如何（how）發生或結束？
注意：某些段落可能包含一個或兩個沒有提到主要概念的句子！

圖 5.5　主要概念自我監控提示卡。取自 Jitendra、Hoppes 和 Xin（2000）。Copyright 2000 by PRO-ED

段落摘要

　　段落摘要（paragraph shrinking）是一項找出段落或一小節文本的主要概念的簡單技巧，用來辨識段落或文本小節裡的主要概念。段落摘要通常搭配使

用「同儕協助學習策略」之閱讀策略一起進行教學（Fuchs, Fuchs, Mathes, & Simmons, 1997）。段落摘要的步驟如下：

1. 透過尋找該段落最相關的人（who）或事（what），來找出段落的主旨。
2. 敘述和人（who）或事（what）相關的最重要訊息。
3. 用十個以內的字詞，說出主要概念。

　　如果你使用同儕助教或夥伴，則由助教唸出段落，然後學生說明主旨和主要概念（當然可以互換角色）。與夥伴一起閱讀和經歷文本，促進了參與感、主動學習和作業持久性（如：Fuchs, Mathes, & Simmons, 1997）。

釋義

　　Schumaker 等人（Schumaker, Denton, & Deshler, 1984）發展並評量在說明性或訊息性文本上使用釋義（paraphrasing）策略的有效性。學生首先閱讀段落，並在閱讀時思考其意義。然後，學生自我提問來找出段落的主要概念。最後，學生用自己的話寫出主要概念和支持的細節內容。RAP 這個縮寫是用來提示學生依循策略的步驟：

1. 閱讀（**R**ead）段落。
2. 問（**A**sk）自己。
   - 這個段落的主要概念和細節內容是什麼？如果不確定，請完成以下步驟：
     ◇ 這個段落是關於＿＿＿＿＿＿。
     ◇ 它告訴我有關於＿＿＿＿＿＿。
   - 如果你需要更多的訊息：
     ◇ 仔細查看該段落的第一個句子。
     ◇ 找出以相同的單字或詞語在多處重複出現的訊息。
     ◇ 指出細節內容在描述或解釋什麼。
3. 用（**P**ut）自己的話，說明主要概念和細節內容。

● 必須是一個完整的句子（主詞和動詞）。
　◇ 必須是準確的。
　◇ 必須包含新的訊息。
　◇ 必須用自己的話。
　◇ 必須包含每個段落只有一種一般性描述。

先讓學生以多樣的訊息來源來進行練習，如教科書、文章，甚至是教師的課程講授。當學生較熟悉這個策略時，他們不只是學習為何和如何應用這個策略，而且還要學習何時使用這個策略是最有用的（Berry, Hall, & Gildroy, 2004）。

認知組織

幫助學生記憶和依循學習策略方法的認知組織（cognitive organizers），已被有效地應用在主要概念教學上。認知組織通常採用記憶術技巧來提示學生依循策略步驟。雖然認知組織可應用於所有年齡層的學生，但是它們卻頻繁地應用在可以獨立學習如何使用步驟的較大年齡的學生身上。Boyle 和 Wishaar（1997）研究學生想出的和專家引發的認知組織（具高度效用的認知組織，經常是透過教師或教科書而發展出來的）在高中學習障礙學生的閱讀理解上的成效。結果顯示，在閱讀理解測驗上，使用學生想出的認知組織組的表現，皆優於專家引發組和控制組。使用學生想出的認知組織組，學習了下列的策略步驟（TRAVEL）：

T—主題（Topic）：寫出主題。
R—閱讀（Read）：閱讀段落。
A—提問（Ask）：提問主要概念和三項細節內容，並把它們寫下來。
V—驗證（Verify）：驗證主要概念和連結的細節內容。
E—檢視（Examine）：檢視下一個段落，並再次驗證。
L—連結（Link）：結束後，連結所有的主要概念。

摘要

　　「摘要」需要學生從交叉閱讀中產生多個主要概念，然後結合這些主要概念來做摘要。此外，學生必須能夠從具體的例子中找出概念，以及能夠辨識重複的訊息（National Institute of Child Health and Human Development, 2000）。學習摘要，是提升學習障礙學生閱讀理解的有效策略（Gajria & Salvia, 1992; Nelson, Smith, & Dodd, 1992）。許多摘要策略包含了學生學習用來寫出摘要的原則。透過示範、回饋和許多練習機會，學生學會使用下列原則（National Institute of Child Health and Human Development, 2000）：

1. 刪除不重要的訊息。
2. 刪除多餘的訊息。
3. 用一個單字來取代相關項目的清單。
4. 選擇一個主題句。
5. 如果沒有明確描述的主題句時，則創造一個主題句。

　　首先，教導學生使用上述原則寫出每個段落的主要概念陳述。然後，教導學生使用相同的原則來組合自己的主要概念陳述中的訊息，以形成一個主要概念的摘要。換句話說，摘要是一個層次性的技巧，藉以讓閱讀者先透過找出單一段落的主要概念來獲得經驗，之後一旦閱讀者掌握了主要概念的技巧，則閱讀者就學會了結合主要概念來形成摘要陳述。

　　在另一項摘要應用研究中，Jenkins 等人（Jenkins et al., 1987）透過系統地教導學習障礙學生回答有關閱讀內容的問題，包括：(1) 那是關於誰的；以及 (2) 發生什麼事，提升了學習障礙學生在重述和回想文章的表現。同樣地，Malone 和 Mastropieri（1992）則教導學生在閱讀時自我提問，包括：(1) 這段文章是關於什麼人（who）或事（what）；(2) 發生了什麼事。參與培訓的學習障礙學生的表現，在回想文章內容上，優於控制組的學生。

　　有些學生受益於包含以多種視覺化方法提示回想訊息的策略。其中一種

方法是，將閱讀內容的主要概念和其支持性細節以視覺化呈現（McCormick, 1999）。Baumman（1984）結合這類以視覺化呈現的摘要教學來教導六年級學生。結果顯示，該策略提升了學生產生較有組織性摘要的能力。要使用這個策略，學生在閱讀時要先找出段落或小節的主要概念。閱讀後，教師帶領使用圖片來引導學生思考的討論。每個主要概念陳述寫在摘要圖像上。例如，在一篇關於螞蟻的文本中，提供學生一張螞蟻的圖片，圖片上螞蟻的身體部分呈現主題描述，腳的部分則呈現主要概念和其支持性細節內容。一旦學生熟悉這項策略，則給予學生各自的圖案（或可以設計自己的圖案），並和夥伴一起完成主要概念和其支持性細節內容的呈現。在介紹此策略或讓年齡較小的學生使用此策略時，也可以使用視覺化呈現來找出段落的主要概念。例如，學生可以在一棵樹的樹枝上寫出細節內容，然後用這些細節內容來生成主要概念陳述。要注意的是，視覺化呈現與其他摘要策略結合使用時效果更好，例如使用前述的原則來結合主要概念。

闡述主要概念和摘要，包含了綜合來自一個段落、小節或一段文章等最主要相關的大量訊息。摘要技巧代表學生明確表達理解所閱讀內容的能力。摘要技巧也是閱讀理解困難學生最感困難的部分。本節所介紹的主要概念和摘要策略，是教師們可以用來提升這些基本技巧的有效方法的示例。

理解敘事文本的策略

本章最後一節的重點將聚焦在對敘事文本（雖然不只對敘事文本）特別有效的策略。

重述故事

重述故事是一種依先後順序來敘說剛閱讀過內容的策略。重述故事可以是一個確認和確保敘事文本閱讀理解的有效練習（Bos, 1987）。重述一個故事表示學生具有辨識故事中重要事件的能力，也賦予後續閱讀一個意圖。

教師可以先透過辨識故事的關鍵要素：角色、背景，以及問題和解決方法，

來示範重述策略。對於理解這些要素感到困難的學生,先分別教導這些要素,然後再予以組合,將會是一個有效的方法。例如:

☐ **簡單重述**
- 辨識和重述故事的開端、過程和結局。
- 描述背景。
- 找出問題和解決方法。

☐ **較完整的重述**
- 辨識事件和事實,並依發生的先後順序進行重述。
- 進行推論,以填補缺漏的訊息。
- 辨識和重述行動或事件的前因和後果。

☐ **最完整的重述**
- 辨識和重述一連串行動或事件。
- 進行推論,來解釋事件或行動。
- 提出對故事的評價。

辨識主題

學習障礙學生能夠學習從故事中辨識主題(identify themes),並決定哪些主題應用在自己生活中的程度(Williams, 1998)。辨識主題幫助學生親身感受個人和閱讀內容的連結,以至於使訊息更具意義而令人更加難忘。包含合適主題(如:合作、責任,或尊重他人)的文本是被認定和用來做為下列課程要件的資源:

1. **進行有關課程目標和故事主題的閱讀前討論。**一開始教師先辨識主題,使之易於理解,然後以學生能獨立辨識故事主題為目標,鷹架這個策略的使用。
2. **閱讀故事。**接著,教師閱讀故事,並暫停閱讀來提問,以確定學生是否正在

連結閱讀中的內容與故事主題。

3. **使用組織性（基模）問題來討論重要的故事訊息**。下列三個問題是用來協助
   學生組織故事的訊息：

   ● 主角是誰？
   ● 他或她做了什麼？
   ● 發生了什麼事？

   當學生瞭解故事的組織之後，再詢問學生下列問題，以協助學生整合故事訊
   息和主題：

   ● 這是好？還是壞？
   ● 為什麼這是好？或是壞呢？

4. **辨識在標準形式中的主題**。學生透過辨識主角應該或不應該做的，然後再辨
   識學生應該或不應該做的，來學習描述標準形式中的主題。

5. **在真實的生活經驗中應用主題**。在此部分，鼓勵學生思考主題在誰的身上，
   以及在什麼狀況下應用。

使用角色動機

前述策略的應用變化是，教師使用直接教學法來教導學生辨識角色動機
（character motives）。能辨識角色動機是一項重要的技巧，因為要瞭解文本，
閱讀者必須記憶一連串的行動，然後判別這些行動的動機（Shannon, Kame′enui,
& Bauman, 1988）。在這個策略中，教師在直接教學法模式中整合規則說明、
各步驟程序，以及示範等，藉以教導學習障礙學生辨識角色動機。與直接教
學一致的是，使用了「以規則為基礎的教學策略」（rule-based instructional
strategies）。Rabren、Darch 和 Eaves（1999）所用來幫助學生學習辨識角色動
機的直接教學模式有許多具體的特色，這些特色是：「(a) 提出明確的問題解決
策略的說明，(b) 掌握策略中的每一個教學步驟，(c) 發展訂正學生錯誤的具體方
法，(d) 從教師指導的工作，逐漸轉換到獨立工作，(e) 不斷複習之前教過的所

有概念」（p. 89）。圖 5.6 是該研究中所使用的課程架構。Darch 和 Kame´enui（1987）進行一項四年級學習障礙學生的研究，發現接受前述的直接教學來學習辨識角色動機的學生，與使用作業簿／討論組的學習障礙學生相比較，在閱讀理解上有相當多的進步。使用明示教學來引導和支持學生找出主題和角色動機，可以幫助學生理解閱讀內容的主要概念。

<u>規則說明</u>

教師：請仔細聽！這是一個有關動機的規則。

角色做某事的原因，叫做動機。

請再仔細聽！角色動機是故事裡的角色做某事的原因。

換你們說說看！請說說角色動機是什麼意思？

角色動機是故事裡的角色做某事的原因。

重複，直到牢記。

<u>個別測驗</u>

請學生說明有關角色動機的規則。

1. 舉例示範

教師：我們將一起找出故事的角色動機。

首先，請注意聽故事，然後我們將會找到角色動機。

故事是這樣的，請仔細聽。

已經很晚了。吉姆有些抓狂。沒見到公車出現。吉姆跺著腳說：「反正，我沒有真的很想搭那班公車。」

2. 程序

教師（T）：請問各位，

這是關於誰的故事？

學生（S）：**吉姆。**

T：請問各位，

吉姆正在做什麼？

S：**在等公車。**

（續）

圖 5.6　以規則為基礎的教學策略示例。Rabren、Darch 和 Eaves（1999）。Copyright 1999 by PRO-ED

T：請問各位，
吉姆感覺如何？

S：抓狂！

T：請問各位，
他為什麼抓狂？

S：因為公車晚到。

T：請問各位，
你怎麼知道他抓狂了？

S：他跺著腳。

T：請問各位，
為什麼他說他不想搭那班公車？

S：因為公車晚到。

T：請問各位，
吉姆說的，真的是他想要的嗎？

S：不是！

T：請問各位，
吉姆真正想要的是什麼？

S：搭上那班公車。

T：換我說了，請仔細聽！
角色動機是角色做某事的原因。
吉姆想搭那班公車，但是他說他不想搭，因為他抓狂了。

T：換你們說說看！

S：角色動機是角色做某事的原因。

S：吉姆想搭那班公車，但是他說他不想搭，因為他抓狂了。

重複，直到牢記。

圖 5.6　以規則為基礎的教學策略示例。（續）

結語

教師可以確信：花時間來規劃和實施本章中介紹的策略，將會幫助學生理解

和記憶他們所閱讀的內容。如 Mastropieri 和 Scruggs（1997）所言，學習障礙學生能夠提升他們的閱讀理解，如果教師：

● 教授已經被認定為有效促進閱讀理解的策略。
● 設計以直接教學和策略教學的有效原則為基礎的教學活動。
● 提供示範、支持、引導式教學、練習、歸因回饋和練習跨文本類型的機會。
● 監控學生的進步情形，並做出相應的調整。

　　這幾則學生為了尋求意義而主動投入閱讀的故事，提醒我們在文本理解過程中支持學生的重要性。這些故事讓我們了解到，學生希望理解自己所閱讀的內容，而且當他們有工具可以這麼做時，是樂此不疲的。最近，在一個課室裡，我們問學生，他們對教師使用新的閱讀理解策略的感覺。一位安靜的閱讀障礙學生慢慢地舉起手回答：「以前，都只是老師在說。現在，我知道理解它（我所閱讀的內容）的方法，而且，我可以告訴老師故事的內容。」

🔊 閱讀理解教學計畫示例 🔊
（配合第五章使用）

文本預覽

❧ 年級

所有年級

❧ 目標

介紹新文本，激勵學生參與，以及重點式地閱讀。

❧ 教材

文本
預覽準備

❧ 學習內容

1. 為新的閱讀以及其與學生所學的關聯，提供背景情境。此訊息活化與主題有關的先備知識，並引導學生明確地連結他們已經知道的和他們將要學習的。
2. 提供閱讀內容中的一段引文或一小段有趣的訊息，來激勵閱讀者找出更多關於主題的內容。
3. 提問一至三個重點問題，來引導閱讀者在閱讀中注意重要的訊息。

以下是在六年級的社會科教室裡，教師預覽文本的例子。

情境

　　在這個單元，我們一直在學習民權運動，並看到人們使用語言和行動取代攻擊的方式，來表達自己的想法。我們已經談過馬丁‧路德‧金恩博士（Dr. Martin Luther King, Jr.），並閱讀一些傳記和評論。今天，我們將要學習另一位使用非暴力方式來幫助人們的重要人物。他叫聖雄甘地（Mahatma Gandhi）。你們有些人可能已經聽說過他；有許多關於他的書籍，甚至有幾部關於他的電影。今天，我們將閱讀關於甘地的一生，以及他影響非洲和世界的故事。

激勵

　　這句引自甘地的名言，是你們今天閱讀的一部分：「在非暴力的國度裡，每一個真理都是有重要意義的，每一個真正的聲音都有其表面價值。」

問題

　　當你正在閱讀時，我希望你想想這句名言和以下問題：(1) 甘地影響人們非暴力方式的例子是什麼？(2) 如果甘地使用了戰鬥和暴力，可能發生什麼事？(3) 他說：「每一個真理都是有重要意義的，每一個真正的聲音都有其表面價值」是什麼意思呢？

✎ 在特殊需求學生上的應用

1. 為閱讀時有聽覺處理困難或維持專注有困難的學生，提供一份教師預覽和引導性問題的大綱。

2. 為學生調整重點問題的題數。雖然有些學生在閱讀時可能能夠處理一些關鍵的問題，但是有些學生應該只聚焦在一個某特定個別技巧的重要問題上，如：記憶事實訊息、個人與閱讀的連結，或做出結論。

3. 可能從額外閱讀練習中受益的學生，則可以預讀一段選讀段落並準備一

份「教師預覽」。教師和學生合作，一起準備班級的教師預覽。學生們透過額外的閱讀機會而受益。當學生試圖投入閱讀、找到引人入勝的訊息，以及提出自己的問題時，學生的預讀已是有焦點的。

你知道些什麼？

❧ 年級

所有年級

❧ 目標

透過提出與閱讀內容有關的問題，來提升理解和記憶關鍵概念。

❧ 教材

閱讀段落

索引卡

準備「你知道些什麼？」教材（幣值卡、類別標題、計時器、記分工具）

❧ 學習內容

註：本課程對象為已熟習寫出與閱讀內容相關問題的學生。

1. 學生閱讀一個段落，然後與合作夥伴一起依照教師指定的問題類別寫出問題，以便在「你知道些什麼？」的提問遊戲中使用。問題的分配可以依主題領域（例如，日期、旅遊訊息、與探險者有關的）、問題類型（例如，「就在那裡」、「思考與尋找」、「作者與你」），或者其他與主題相關的範疇，或教師在班級中正在強調的技巧。

2. 學生依照指定的問題類型，使用索引卡來寫出問題和自己的答案。

3. 教師蒐集和組織問題，並製作遊戲板。下列的遊戲示例（可以寫在白板上）包括了以 QAR 問題類型來組織的問題。

就在那裡	思考與尋找	作者與你
$10	$20	$30
$10	$20	$30
$10	$20	$30
$10	$20	$30
$10	$20	$30

4. 為了進行這個遊戲，將學生分成四或五個異質性的小組。一組選擇一個問題類型，然後由教師提問。各組在指定的時間內商討並確認共識的答案。教師可能請任何一位小組成員回答小組的答案，所以每個人都有責任。如果有一組沒有說出正確答案，其他組就可以回答，也可以得分。

5. 其他提示：

● 許多教師發現，在這個活動中，有小組工作規則來管理學生是非常有用的。例如，如果學生太吵或沒有合作，他們可能必須從小組的得分中扣除十元的罰款。

● 教師也可以選擇增加一些自己的問題，以確保學生已瀏覽過關鍵概念。

● 如果一個或更多的問題是特別重要或困難的，教師可以標示這些問題為加分題。當抽到加分題時，各組都要思考答案（確保每個人都知道該訊息），並寫下一個答案。說出正確答案的任何一組都可獲得這一題的得分。

● 要有創意！這個活動是一種有趣的方式，可以：(1) 鼓勵學生在閱讀時提出問題；以及 (2) 複習和記憶閱讀過的內容的訊息。

在特殊需求學生上的應用

1. 問問題時，可以要求學生寫出特定問題類型的問題（例如，三個「思考與尋找」的問題），以便讓擁有較佳提問技巧的學生想出更具挑戰性的問題。同樣地，你可以變化要求學生提問問題的數量、提供問題的選項，或限制用來產生問題的文本的多寡。

2. 讓有閱讀理解困難的學生預覽一些問題，並在全班性的遊戲之前，從文本中找到答案。選擇五至十個包含重要訊息的問題來進行這項練習活動。

3. 依學生個別需求變化學生尋找答案的方式。例如，學生可以使用文本，或被要求憑記憶去辨別訊息並回答問題。另一種變化是，在小組達成一致的共識前，讓小組的所有成員找出答案和寫下答案，目的是在反應最快的學生尚未說出答案之前，先給每個人找出答案的時間。

主要概念素描

年級

所有年級

目標

利用繪畫來幫助學生將閱讀的內容概念化和記憶。這個策略搭配敘事文本相當有效。

教材

短文

紙和鉛筆

✍ 學習內容

1. 示範策略

● 大聲朗讀短篇故事裡的一個段落。

● 使用下列的引導，來放聲思考段落的主要概念：

◇ 最重要的人（who）或事（what）是什麼？

◇ 有關人（who）或事（what）的最重要的事情是什麼？

● 繪製主題概念的簡單構圖。

● 在構圖下寫出主要概念陳述。

● 如果學生需要進一步釐清，則使用另一個段落再重複一次。

2. 提供引導式的練習

● 現在大聲朗讀另一個段落，請學生一面聽著朗讀，一面看著自己的文本。請學生繪製自己的主要概念構圖，且包括主要概念的說明。

● 請學生分享自己繪製的主要概念構圖，並解釋自己的想法。

3. 單獨或和夥伴一起應用策略

● 當學生變得更善於畫出回應後，學生就可以單獨或和夥伴一起閱讀一節或一章，再畫出主要概念，然後寫出主要概念的說明。主要概念說明的長度也因文本的份量而有所不同。例如，一個段落的主要概念的說明，應該只有十個字詞或是更少，而小說的一章的說明，則可能包括了好幾個句子。

● 透過在班級中分享和討論所畫的概念構圖，向同學匯報。請學生思考：他們的主要概念構圖如何影響自己對閱讀內容的理解。學生是否認為繪製主要概念構圖後，能夠記得更多的閱讀內容呢？在畫了一些主要概念構圖後，學生是否發現自己在閱讀時創造了更多的心像？

✍ 在特殊需求學生上的應用

1. 對於想出主要概念有困難的學生，則需要有其他的機會來練習引導式回

饋的策略。以及在要求學生閱讀時獨立使用策略之前，先確認學生理解策略，並能夠應用策略。

2. 有些學生花很長的時間來繪製主要概念構圖，這時可以限制他們閱讀的時間。有了時間壓力，學生就可以很快地畫出（如有必要，使用原子筆來限制橡皮擦的使用），以幫助學生獲得概念和記憶閱讀的內容。限制構圖的大小，或設定繪製構圖的時間限制（如，五分鐘內要畫出構圖，並寫出主要概念的說明），來引導學生有效地使用這項技巧。

3. 對於需要更明確指導的學生，將作業分解成幾個步驟來進行。

   (1) 觀看主要概念構圖（由學生繪製或由老師提供），並思考主要概念圖和閱讀內容的關係。

   (2) 最重要的人（who）或事（what）是什麼？＿＿＿＿＿＿＿＿＿＿＿

   (3) 有關人（who）或事（what）的最重要的事情是什麼？＿＿＿＿＿＿

   ＿＿＿＿＿＿＿＿＿＿＿＿＿＿＿＿＿＿＿＿＿＿＿＿＿＿＿＿＿＿＿＿

   (4) 寫出你的主要概念的圖說。＿＿＿＿＿＿＿＿＿＿＿＿＿＿＿＿＿＿

4. 如果學生在示範和引導式練習之後，仍然對辨識主要概念有困難，則透過提供主要概念陳述和請學生畫出主要概念簡圖，來鷹架學生運用策略。然後教師再畫出主要概念構圖，並請學生寫下主要概念。可視需要重複這些步驟，以協助學生學習這個有意義的策略。

CHAPTER **6**

多元策略教學法

學習重點

1. 在閱讀本章之前，與你的學習小組成員討論你可能已經實施的、或是你所熟悉的「多元」策略的例子。你或你的小組成員是否已經使用過交互教學法？合作閱讀策略？交流式策略教學法？你印象最深的是什麼？

2. 當你閱讀本章的多元策略教學法時，你認為哪一個教學法能對學生發揮最大的效用？為什麼？

3. 讀完本章後，與你的學習小組討論：你學到了哪些多元策略教學法，以及這些訊息如何幫助你支持學生的閱讀理解呢？

4. 嘗試應用一種方法在你的學生身上至少四週。過程中請務必蒐集學生的學習資料。與你的學習小組成員分享你對此教學法的想法。

在這最後一章中，我們將介紹三種透過在閱讀前、閱讀中和閱讀後使用策略來幫助學生成為策略性閱讀者的閱讀理解教學法。這些教學方法分別為交互教學法、交流式策略教學法、合作閱讀策略。這三種方法，結合了本書中所介紹過的提升閱讀理解的不同方法之各個面向。我們在此介紹，是因為它們提供了一種將一切融合在一起，並幫助學生在學習說明性文本或閱讀小說、短篇故事，或其他敘事文本等的內容時，應用閱讀理解策略的方法。

這三種方法都仰賴同儕討論，以做為提升閱讀理解的催化劑。值得一提的是，Fall、Webb 和 Chudowsky（2000）比較是否允許和同儕討論或解釋指定閱讀的故事時，學生在高風險語言測驗上的成就表現。結果顯示，三人小組的十分鐘討論，對學生瞭解閱讀的內容有重大的影響。

交互教學法

交互教學法（reciprocal teaching）是由 Palincsar 和 Brown（1984; Palincsar, 1986; Palincsar, Brown, & Martin, 1987）所開發，其最初的目的是提高能夠解碼但有理解文本困難的中學生的閱讀理解。學生學習使用預測、摘要、產生問題和澄清等四個策略，並在與教師和同儕討論文本時應用這些策略。首先，教師先示範如何應用策略；然後透過提示、提問和提醒，來協助學生在閱讀和討論文本時使用策略。當學生較熟練時，教師則逐漸減少這種協助。前提是教導學生在對話時合作使用四大策略，將有助於瞭解文本的意義，以及促進其內化策略的使用，最終可因此提升學生的閱讀理解能力。

理論基礎

Brown 和 Palincsar（1989）說明了三個解釋交互教學法的有效性的相關理論：近側發展區（the zone of proximal development）、鷹架（scaffolding）和預期教學法（proleptic teaching）。在近側發展區（Vygotsky, 1978），重點不在於學生可以獨立做什麼，而在於透過與他人的互動中所獲得的引導，如何促進學生

萌發技巧和知識。在學生的近側發展區給予協助的方法是基於鷹架理論（Wood, Bruner, & Ross, 1976）和預期教學法（Rogoff & Gardner, 1984）。Palincsar 和 Brown（1989, p. 411）將鷹架形容為提供「彈性的和暫時性的協助」的一種方法，藉此，專家引導無法獨立完成的學習者解決問題，就像建築物的鷹架提供建設者暫時性的支持一般。為了成功地幫助學習者，專家必須瞭解孩子的能力是在從新手到專家的連續體上的何處，且能夠相應地調整教學。預期教學法意味著對所有學生都設定很高的期望，而不論他們目前的程度如何。在這種方法中，教師扮演專家的角色，而孩子則扮演學徒的角色。

交互教學法也牢牢扎根於學習和發展的認知觀點上（Brown & Palincsar, 1989）。透過來自教師和同儕的解釋和放聲思考，為學生展示認知處理的多樣模式。此外，四種交互教學策略的每一種，都可以用認知心理學的術語來解釋：預測（Stauffer, 1969）、產生問題（Manzo, 1968）、澄清（Markman, 1985），以及摘要（Brown & Day, 1983）。同樣地，使用後設認知來監控學生的策略使用和理解正在閱讀的內容，也是來自認知心理學（Flavell, 1979）。

▋研究支持

在 Palincsar 和 Brown（1984）的第一個先驅研究中，針對能夠解碼但理解力弱的七年級學生進行閱讀理解策略教學。學生參與了大約 20 堂課。每堂課程包括策略教學，和一項讓學生閱讀一篇短文後可以正確地回答多少問題的評量。控制組的學生也進行了與策略教學學生相同的前測和後測，但是沒有接受策略教學或每日的評量。參與交互教學介入的學生，在所有的文本理解和記憶測驗上都優於控制組學生。

在 Palincsar 和 Brown（1984）的初步研究之後，其他研究人員也進行交互教學法的研究。相較於傳統方法，交互教學法已被認為在同時使用敘事文本和說明文時，對各類學生是更有效的：有學習障礙的中學英語學習者，包括解碼能力弱的學生（Klingner & Vaughn, 1996）、高中補救班的學生（Alfassi, 1998），以及平均程度或高於平均程度的各個年級閱讀者（Rosenshine & Meister, 1994），

其中包括四年級學生（Lysynchuk, Pressley, & Vye, 1990）和五年級學生（King & Parent Johnson, 1999）。Rosenshine 和 Meister（1994）回顧了 16 項交互教學法的研究後發現，交互教學法在不同閱讀理解測驗的結果中，一直保持著統計上的顯著水準。一項重要的發現是，當交互教學法包含四個閱讀理解策略的直接教學時是最有效的。

在其他研究中，研究者已經將交互教學法和其他方法結合，或是和不同的方法進行比較。例如，Marston、Deno、Kim、Diment 和 Rogers（1995）比較了包括交互教學法在內的六項以研究為基礎的教學策略，發現接受下列三種教學方法的學生獲得最高的成就：電腦輔助教學（computer-assisted instruction）、交互教學法，和兩個直接教學情境中的一個。Johnson-Glenberg（2000）在交互教學或視覺化課程中，以十週的時間訓練有足夠解碼能力但閱讀能力弱的三到五年級學生。交互教學組的學生在明確的、真實性的教材的測量上表現優異，但是視覺化組的學生卻在視覺引導的測量上表現最佳。Brand-Gruwal、Aarnoutse 和 Van Den Bos（1997）針對解碼、閱讀理解和聽力理解能力較弱的 9 到 11 歲的學生，進行交互教學法和閱讀理解策略的直接教學；結果發現，策略性變項有正面的影響，但一般閱讀理解能力卻沒有。

Klingner 和 Vaughn（1996）研究 26 位有學習障礙的七年級和八年級英語學習者。學生透過包括強調使用背景知識的交互教學法的修正版進行學習。學生閱讀英文文本，但被鼓勵在討論時同時使用西班牙語（他們的母語）和英語。一項重要的發現是，不限於解碼能力佳但理解能力弱的學生，更多學生能從交互教學法中受益。換句話說，閱讀理解程度高於解碼能力的學生，也可以在閱讀理解中受益。此外，Klingner 和 Vaughn 指出，甚至在沒有研究者即時回饋的小組裡，或在一對一的個別指導中，學生仍持續獲益。

如何實施交互教學法

交互教學法包含三個基本要素：對話（dialogue）、閱讀理解策略和鷹架。對話，是在學生閱讀指定文本的一個段落之後開始。由教師或擔任「對話帶領

者」（dialogue leader）角色的學生開啟以四個閱讀策略為架構的討論。對話帶領者負責提出問題來啟動討論和幫助小組澄清任何不清楚的字詞或概念。回答問題、詳細說明或回饋他人的回答，以及提出新的問題等，則是每位小組成員的責任。然後，對話帶領者提出該段落文章的摘要，並邀請小組成員仔細推敲或評論該摘要；也會提供或要求關於下一個段落的預測。透過這個歷程，小組成員能夠跳脫僅僅只是重述文本中的訊息，來為這個段落發展出共同的意義。對話結束後，以新的段落文章和新的帶領者再次開啟這個歷程。

對話的核心就是四個交互教學策略：提問、澄清、摘要和預測。Palincsar 和 Brown（1984）挑選出這些策略，因為這些策略是能力好的閱讀者用來理解文本的戰術。圖 6.1 為四個策略的說明、理由和方法。

教學的鷹架是交互教學不可或缺的。教師引導學生使用策略，並逐漸將運用策略的責任轉移到學生身上。首先，教師先說明學習閱讀理解策略的目的，告訴學生首要目標是讓他們成為能力更好的閱讀者（即，更具「策略性」和能力更好的閱讀理解者）。在這個目標設定的說明之後，教師透過使用放聲思考來示範閱讀一個段落和應用策略的整個過程，以使學生能夠看到「重點」（the big picture）。接著，教師也可以考慮於活動開始前，在各個策略階段進行直接教學。然後，教師和學生在閱讀時以及小組討論文本時使用這些策略。教師在學生嘗試應用策略時給予大力的支持。教師必須使用諸如提示、說明、訂正、讚賞和回饋等鷹架技巧，靈活地評量學生的近側發展區，並相應地調整給予的協助。教師是第一個對話帶領者，但是當學生發展出熟練的策略應用時，則轉由學生帶領討論。這個方法對所有的學生都設定了很高的期望，這乃是預期教學的一項基本特色。大約到交互教學的第八天，在轉換學生和對話帶領者的角色時，學生通常能夠在教師最少的協助下應用策略。圖 6.2 是如何實施交互教學法的步驟指引。請注意，這個示例包含了策略的直接教學。

預測

1. **說明**：預測，即發現文章的結構和內容中可能暗示接下來會發生什麼的線索。
2. **理由**：預測，活化了先備知識和激勵學生繼續閱讀文章的動機，以確認自己的預測是否正確。
3. **方法**：要學習這個策略，則需教導學生使用標題來初步預測故事的內容，然後在閱讀文本的每個新段落或章節前，使用故事裡的線索來做更多的預測。學生們彼此分享自己的預測。

澄清

1. **說明**：澄清，即察覺何時有閱讀理解困難，並採取修復意義的措施。
2. **理由**：澄清，確保閱讀者理解文章的意義。
3. **方法**：要學習這個策略，則需教導學生覺察自己何時不理解文本的意義，以及這樣的情況在閱讀文本過程中何時再次出現。例如，如果學生無法瞭解一個單字，則必須教導這個學生嘗試透過閱讀這個單字前後的句子來辨識這個單字。也教導學生注意一些單字，像是**或者**（or），其可能代表一個不熟悉的單字的意義，以及確認自己知道一些諸如**他們**（them）、**它**（it）、**他們**（they）等（首語句法）指示代名詞所指稱的是什麼。如果重讀文章後，還有不清楚的地方，則教導學生要尋求協助。

摘要

1. **說明**：摘要，是用一個或兩個句子來說明一個文本段落或小節中最重要的概念。摘要應只包含最重要的概念，不應該有不重要的細節內容。摘要應該是要學生用自己的話來寫。
2. **理由**：摘要，可以提升對於所讀內容的理解和記憶。
3. **方法**：教導學生找出一個段落的主題句。如果沒有主題句，則教導學生組合他們已經畫線的包含與概念最相關的句子，來創建自己的主題句。然後，教導學生找出支持主題句的最重要的內容，並刪除不重要的或多餘的。最後，教導學生用自己的話重述主要概念和支持概念的細節內容。

產生問題

1. **說明**：提問的問題，是有關文本中的重要訊息，而不是瑣碎的細節。
2. **理由**：產生問題，讓閱讀者自我檢視對文本的理解，以及幫助閱讀者辨識故事裡什麼是重要的。
3. **方法**：要學習這個策略，則需教導學生從段落中選擇重要的訊息，並使用**誰**（who）、**如何**（how）、**何時**（when）、**何地**（where）、**為什麼**（why）來產生問題。教導學生提出有關段落主要概念的問題、重要內容的問題，以及段落裡沒有提供答案的問題。

圖 6.1　交互教學策略

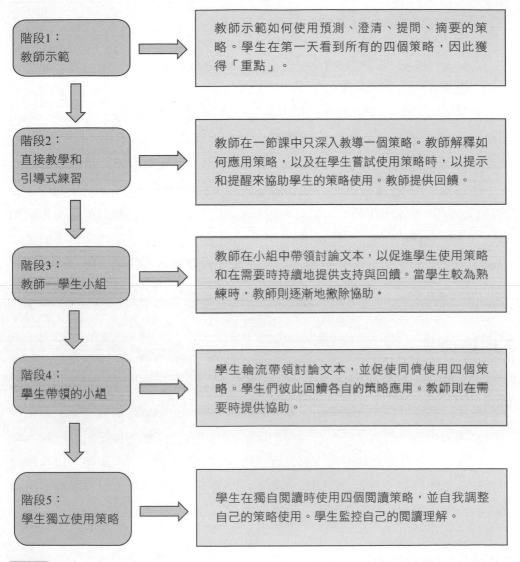

階段1：
教師示範

教師示範如何使用預測、澄清、提問、摘要的策略。學生在第一天看到所有的四個策略，因此獲得「重點」。

階段2：
直接教學和
引導式練習

教師在一節課中只深入教導一個策略。教師解釋如何應用策略，以及在學生嘗試使用策略時，以提示和提醒來協助學生的策略使用。教師提供回饋。

階段3：
教師—學生小組

教師在小組中帶領討論文本，以促進學生使用策略和在需要時持續地提供支持與回饋。當學生較為熟練時，教師則逐漸地撤除協助。

階段4：
學生帶領的小組

學生輪流帶領討論文本，並促使同儕使用四個策略。學生們彼此回饋各自的策略應用。教師則在需要時提供協助。

階段5：
學生獨立使用策略

學生在獨自閱讀時使用四個閱讀策略，並自我調整自己的策略使用。學生監控自己的閱讀理解。

圖 6.2　如何實施交互教學。引自 Palincsar 和 Brown（1984），以及 Quezada、Williams 和 Flores（2006）

交流式策略教學法

Pressley 和其同事們（Pressley, El-Dinary, et al., 1992; Pressley, Schuder, et al., 1992; Pressley, Brown, El-Dinary, & Afflerbach, 1995）發展了一個全面的、高強度的、長期性的策略應用方法，稱為「**交流式策略教學法**」（transactional strategies instruction）。如同交互教學法，在交流式策略教學法中，教師會在學生應用策略與文本互動和學習文本內容時，提供協助與引導。透過教師的解說、示範和支持性的練習中，學生學習應用閱讀理解策略的方法。教學的中心目標是自我調節地應用策略。**交流式**一詞是強調：(1) 意義的建構乃是透過先備知識與文字所傳達的訊息之間的互動而來；(2) 一個人的反應是受到其他小組成員所做、所想、所說的影響；(3) 意義的產生是小組互動下的產物（Pressley et al., 1995）。

▌理論基礎

策略教學的基礎乃奠基於認知心理學（Pressley & Hilden, 2006）。認知心理學重視認知活動過程中大腦的運作。策略的執行可能會極度地需要認知，因此，策略的使用可能耗盡大量的短期能力，以至於無法執行其他的作業。越熟練策略應用的人，越少耗費認知能力，而保留了較多的能力來執行其他策略，以及和其他認知活動的協調。有能力的閱讀者幾乎可以毫不費力地、確實且有效地使用閱讀理解策略。認知心理學在教學上的應用如下：

- 學生學習能力好的思考者為了完成作業而使用的策略。
- 教學開始於策略的解說和示範，然後再進行支持性的練習。
- 策略的練習通常會持續很長一段時間，直到可以使用較少的氣力、跨各種情境，和自我調節來使用策略。
- 策略教學包括有關何時和何地使用策略，以及如何監控策略本身的有效性等的後設認知相關訊息。

　　然而，交流式策略教學法著實地超越了認知心理學，因為其主張在學習過程中他人的重要性，以及更加強調背景知識所扮演的角色。Pressley（1998）提出了三種不同的理論來強調**交流式**在這個教學法中的重要性。首先是 Rosenblatt（1978）的閱讀者反應理論。Rosenblatt 使用**交流式**一詞來強調，意義並非單獨存在於文本中或單獨存在於閱讀者的大腦裡，而是在閱讀者依據自己過往的知識和經驗思考文本內容時，由閱讀者建構意義的。而在發展心理學（Bell, 1968）中，**交流式**一詞指的是，在學習過程中與他人互動的重要性，就此意義而言，兒童的行動某種程度上決定了他或她周遭的成人的行為。最後，組織心理學（Hutchins, 1991）表明：當教師和學生一起使用策略來閱讀和理解文本時所萌發的意義，是小組所有成員共同合作而產生的。

▋研究支持

　　Pressley 和同事的最初研究是在 Benchmark 學校進行，那是一所致力於教育閱讀障礙學生的機構。在一項早期的研究中，他們訪談了教師，以瞭解教師們對於策略教學的信念（Pressley et al., 1991）。在另一項研究中，Gaskins、Anderson、Pressley、Cunicelli 和 Satlow（1993）觀察 Benchmark 學校裡六位教師的策略教學課，並分析課室對話後指出，和傳統教室相較下的 Benchmark 教室的課室對話是如何不同。其中最常見的對話形式是教師提出一個問題、一個學生回答問題，和教師給予評價性的回饋（即，引發 [initiation]、回應 [response]、評量 [evaluation] 程序，或稱 IRE；參閱 Cazden, 1988）。Gaskins 等人發展出一個他們觀察到的最常見的教學事件列表：

- 教師解說如何使用策略。
- 教師示範策略。
- 教師為學生辨識先前教過的目標策略。
- 教師提出目標策略為何重要的相關訊息。
- 教師提供有關何時和何地應用策略的相關訊息。

● 學生在教師的引導下練習策略一段時間。

　　El Dinary、Pressley 和 Schuder（1992）在馬里蘭郡立學校持續進行有效閱讀理解教學的調查研究，並發現使用交流式策略時，教師和學生的行為和在 Benchmark 學校所觀察到的相當類似。Pressley 和 Schuder 等人（1992）歸納出有效的策略教學的共同特點如下：

1. 策略教學是長期性的，並融入於目前的教學中。閱讀理解策略在語文課程中教授，而在數學、科學、社會科，以及其他學科領域中應用。
2. 教師確認學生瞭解主動的、策略性的思考與學業成就之間的關聯性。學生學習何時和何地使用「邁向成功」（pays off）的策略。
3. 有效的策略教學強調所有策略的彈性應用，而不是單一策略的使用。
4. 一次介紹一個策略，並透過閱讀文本來應用。教師解說策略並示範策略的使用。教師在必要時透過提供提示和額外的說明來鷹架學生應用策略。
5. 每天進行「學生們如何使用策略來處理文本」的討論。大部分的策略教學以小組方式進行，而學生在閱讀和應用策略時放聲思考。理想的討論是動態的，包括學生們的回應、解釋和不同觀點的提出。
6. 學生學到閱讀者對文本的不同回應，乃取決於學生的背景經驗和對文本的詮釋。個體對文本如何反應，也受到小組其他參與者對文本做了什麼和談論了文本的什麼內容所影響。從小組中萌發而共同構建出來的意義，是小組所有成員的產物。

　　有三項研究證實了交流式策略教學的有效性。Brown、Pressley、Van Meter 和 Schuder（1996）進行為期一年的類實驗調查研究，探討在有低成就學生的情況下，二年級教師實施交流式策略教學法的成效。一年後的測驗結果顯示，相較於其他學生，接受交流式策略教學法的學生，在標準化閱讀理解測驗和其他測量上的表現有顯著進步，也學習到更多內容。歷經在五年級和六年級課室的一學期課程，Collins（1991）發現，參加閱讀理解策略課程的學生有顯著進步。同樣

地，Anderson（1992）針對六到十一年級的閱讀障礙學生，進行為期三個月的交流式策略教學的調查研究，發現比起那些沒有學習閱讀理解策略的學生，學習閱讀理解策略的學生進步更多。此外，學會理解策略的學生更有意願閱讀具有挑戰性的教材、在閱讀時和同學合作學習，以及回應文本。

如何實施交流式策略教學法

如同交互教學法和合作閱讀策略，交流式策略教學法包括三個階段（Casteel, Isom, & Jordan, 2000）：

1. **解釋和示範**：教師製作每個策略的海報或展示，張貼在學生容易看到的牆面上，是很有幫助的。接著，教師選擇一個策略來教，然後，向學生定義和解釋要教的策略，並示範該策略的使用。最後，教師強調為什麼策略是有幫助的，並說明何時是最適合使用該策略的時機。

2. **練習和指導**：接下來，教師提供學生引導式練習的機會並給予回饋。必要時，教師可以進行指導，例如提出「你接下來要怎麼做呢？」「策略如何幫助你呢？」的問題。在此階段，教師提供學生應用策略以及在不同時間使用何種策略的練習機會。

3. **責任的轉移**：一旦學生成為熟練的策略使用者，那麼學生就可以在閱讀時使用各種策略、監控自己的閱讀理解，以及在小組中討論文本的意義。學生承擔選擇和應用策略的責任。當學生在小組中使用不同策略時，教師則持續地指導學生。

不同於只教導學生學習一組策略（通常約四個）的交互教學法和合作閱讀策略，在交流式策略教學法中，學生學習大量的策略和靈活地應用策略。在表 6.1 中，我們介紹這些策略的其中六個，以及如何在「練習和指導」階段的教學活動中教導策略（Casteel et al., 2000; Pressley, 1998）。

表 6.1　交流式策略教學法的六個策略，以及如何在「練習和指導」的教學活動中教導策略

策略名稱	學生要做什麼	如何教導策略
預測	學生預測自己所想的可能是關於什麼的，或是他們將會學到什麼。閱讀時，如果學生要的話，可以修正自己的預測。閱讀後，學生判別自己的預測正確與否。	● 詢問學生，關於主題他們已經知道了些什麼。 ● 教導學生在預測前閱讀書名、瀏覽文本，以及看標題。 ● 詢問學生使用了哪些訊息來做出預測。 ● 請學生在閱讀中學到新訊息時，修正自己的預測。 ● 教導學生在閱讀後檢視自己的預測正確與否。 ● 要求學生思考預測是如何有幫助。
提問和回答	學生回答有關段落文章的問題。教師可以在閱讀中和閱讀後，詢問有關文本關鍵重點的問題。或是，學生可以產生問題，不論是在閱讀前想想自己想要學習什麼，或是在閱讀後想想關鍵重點為何。學生澄清「問題—答案」的關係（Raphael, 1986），然後回答問題。	● 教導學生辨識不同問題的類型（參考第五章）和策略，來找到每個問題的答案。 　◇「就在那裡」——在書中的某處找答案。 　◇「思考與尋找」——在書中的多處找答案。 　◇「作者與你」——在書中和自己的腦袋中找答案。 　◇「我自己的」——用自己對於主題的已知來回答問題。 ● 教導學生如何使用這些相同的問題類型來產生問題。
視覺化描摹	學生建構呈現文本內容的心像。 延伸：學生用圖形組織呈現自己的心像。	● 教導學生以視覺化描摹一個段落的內容，或是想像發生了什麼事。 　◇ 就故事而言，請學生視覺化故事的開始、過程，和結束時發生了什麼事。 　◇ 就訊息性文本而言，請學生思考關鍵字並視覺化正在學習的內容。 ● 請學生說明自己的心像。 ● 請學生比較心中想像的圖像和所閱讀的內容。 ● 延伸：請學生畫出圖示或圖畫，來呈現自己的視覺圖像。

（續）

表 6.1　交流式策略教學法的六個策略，以及如何在「練習和指導」的教學活動中教導策略（續）

策略名稱	學生要做什麼	如何教導策略
尋求澄清	閱讀時，學生監控自己的理解。當不懂文本意義時，學生選擇一種策略來幫助澄清不懂的文本。	● 教導學生在閱讀時檢視自己的理解，首先，經常詢問學生：「這是什麼意思？」並鼓勵學生們照做。 ● 教導學生遇到理解困難時，選擇使用一種策略來幫助理解。這些可能包括： ◇ 略過，並繼續往下閱讀。 ◇ 猜測，使用文本中的線索。 ◇ 重讀，以獲得澄清。 ◇ 回過頭閱讀，來尋找幫助理解的線索。 ● 請學生說明，為什麼他們選擇使用某個策略，以及其是否有效。
依據先備知識來回應文本	學生連結文本和自己的背景知識，以及個人經驗。	● 請學生說出文章中的訊息和自己的生活有何關聯。 ● 詢問學生這些訊息為何對自己很重要，以及可能如何幫助自己。 ● 鼓勵學生和一位同儕討論彼此的想法。詢問學生：思考不同觀點能夠如何擴充自己的知識。
摘要	閱讀後，學生摘要文章。就訊息性文本而言，學生再次陳述最重要的概念。就敘事文本而言，則學生重述故事。 延伸：就說明性文本而言，學生辨識文本結構（如：比較和對比、順序），並使用這個結構做為組織摘要的方法。	● 教導學生區分說明性文本和敘事文本。 ◇ 重述故事時，請學生描述背景、角色、問題、事件（依序地），以及結局。 ◇ 就說明性文本而言，請學生再次陳述段落中的主要概念。 延伸：教導學生不同的文本結構（參考第四章），以及如何善用這些文本結構來做為摘要說明性文本的組織性結構。

一旦學生透由全班性的教學而發展出一些熟練的策略應用能力，則許多的策略應用會在學生參與有關目前正在閱讀的文本的有意義的小組對話中發生。學生們討論著他們的預測、所詮釋的心像、問題、摘要，以及回應如何處理文本中較困難的部分。

「學生體現自主學習」（Students Achieving Independent Learning, SAIL）方案即是交流式策略教學法的一個有效應用（Bergman, 1992; Pressley, Schuder, SAIL faculty and administration, Bergman, & El-Dinary, 1992）。SAIL 方案激發學生廣泛閱讀兒童文學，並鼓勵學生設定自己的閱讀目的和目標。有一個重要的圖表可用來提醒學生在閱讀時問自己有關閱讀內容的問題（見圖 6.3）。

合作閱讀策略

合作閱讀策略（collaborative strategic reading, CSR）讓學生學會使用支持自己理解說明性文本的閱讀策略（Klingner, Vaughn, Dimino, Schumm, & Bryant, 2001; Klingner & Vaughn, 1999）。CSR 的發展，明顯受到交互教學法和交流式策略教學法的影響。一開始，教師透過示範、角色扮演和教師放聲思考，向全班學生介紹策略。學生熟練了策略的使用之後，教師則將學生分為異質性的合作學習小組（Johnson & Johnson, 1989; Kagan, 1991）。在合作使用策略時，每位學生扮演好自己被指定的角色。因此，使用 CSR 時，所有學生都積極地參與，以及每個人都有機會為小組成員從文本中學習和理解文本時做出貢獻。表 6.2 為交互教學法和 CSR 的比較。

CSR 的目標是以最大化學生的參與方式，來提升閱讀理解和增加概念性的學習。當初是為了幫助異質性「主流」教室中的英語學習者和學習障礙學生變得更有自信、更有能力而發展出來的，而 CSR 也已經被證實對不同成就水準的學生而言是一個有價值的方法。因為，相較於一些包括閱讀文本和回答章節末尾問題的方式，例如全班的、教師主導的方法，CSR 提供學生以更獨立的方式與年級程度的教科書互動和學習重要的內容。

閱讀時，我可以問的問題

獲得主要概念

● 這個故事是關於什麼的？

● 故事的問題是什麼？

● 故事的結局是什麼？

● 是什麼讓我如此認為？

預測－澄清－決定

● 故事接下來會如何發展？

● 我的預測還是對的嗎？

● 我需要改變我的預測嗎？

● 是什麼讓我如此認為？

視覺化－澄清－決定

● 這個（人、地、事）看起來像什麼？

● 我心裡所想的圖像還是對的嗎？

● 我需要改變我的圖像嗎？

● 是什麼讓我如此認為？

摘要

● 到目前為止，發生了什麼事？

● 是什麼讓我如此認為？

放聲思考

● 我正在想什麼？

● 為什麼？

當我不懂時，解決問題或尋求協助

● 我該用猜的嗎？

● 略過並繼續閱讀？

● 重讀或回過頭讀？

● 為什麼？

圖 6.3 交流式策略教學法的問題列表。改編自 Bergman（1992）。Copyright 1992 by The International Reading Association

表 6.2 　CSR 和交互教學法之異同

交互教學法	合作閱讀策略
適用於敘事和說明性文本。	主要適用於說明性文本。
在閱讀前，不需腦力激盪。	學生腦力激盪來活化先備知識，此為（閱讀前）預覽的一部分。
在閱讀文本的每個段落或小節前，學生預測自己認為接下來會發生什麼。	學生只做預覽策略之一的預測（閱讀前），對於他們認為自己將會學到什麼，做出有根據的直覺判斷。
透過重讀不懂的句子的前後句，以及（或）請求同儕協助，學生澄清不懂的單字或文本的「咚」。	學生使用「修復策略」來澄清「咚」（學生不懂的單字）； ● 重讀句子。 ● 重讀前後的句子。 ● 將工作切成小部分，並尋找你知道的單字。 ● 尋找你知道的字首或字尾。
學生摘要他們剛閱讀的段落或一小節文本。	學生獲得他們剛讀過的文本段落或章節的要點，找出「最重要的誰（who）或什麼（what）」，以及誰或什麼的最重要的事情。讓學生在十個字內說出要點。
請學生產生有關剛讀過的每個段落或文本章節的問題。	在閱讀了一整天的選集之後，學生只需產生做為總結的一部分問題。學生回答彼此的問題。
閱讀後，沒有回顧。	在閱讀一天的選集後，學生回顧所讀的內容。
小組有 8 到 12 位學生，以及一位教師。	整個班級分為二到五個合作小組；教師輪流到各組，而不是只停留在一組裡。
沒有學習日誌。	學生將自己的預覽、「咚」、問題，以及已經閱讀的內容記錄在個人的 CSR 學習日誌裡。
「帶領者」（學生）促進有關文本段落或章節的討論；在每個段落結束後，學生輪流擔任帶領者。	小組中的每位學生都有一個有意義的角色；其中一個是擔任「帶領者」。整個課程都有角色分配（某些班級只有每兩週輪一次）。
沒有提示卡。	學生使用提示卡來幫助自己擔任自己的角色，以及應用閱讀理解策略。

在此介紹 CSR 中，學生學習的四個策略，並詳述如後：

1. **預覽**：閱讀一段文章前，學生回想自己對於主題已知的，並預測該文章可能有關什麼內容。
2. **叮咚策略**：閱讀時，學生透過辨識文章中困難的單字和概念，以及不懂文本內容時使用修復策略，來監控自己的閱讀理解。
3. **找主旨**：閱讀時，學生再次陳述段落或章節中最重要的概念。
4. **摘要**：閱讀後，學生摘要已經學過的，並產生「考試時老師可能會考」的問題。

理論基礎

和交互教學法（Palincsar & Brown, 1984）一樣，CSR 是以社會文化理論、近側發展區的鷹架原則（Vygotsky, 1978），以及認知心理學（Flavell, 1992）為基礎。其想法為，透過社會互動先習得的概念，逐漸內化而成為自己的概念時，認知才得以發展。透過 CSR 所強調的合作方法，學習是由教師和學生雙方所鷹架的。教師提供策略的教學、指派小組成員的角色，並提供閱讀和討論的指引。然後，透過小組裡其他成員積極提供的即時回饋，學生們藉此鷹架彼此的學習。

CSR 利用這個理論的傳統，將其延伸到反思有關教導英語學習者和閱讀障礙學生的知識。CSR 延伸這個方法的一種做法，是透過幫助學生善用自己的先備知識（Fitzgerald, 1995），以及與自己的生活連結（Perez, 1998）。此外，CSR 也考慮到學習障礙學生和英語學習者受益於明示教學。因此，教師以清晰的解說和大量的示範來仔細教導策略。要求學生在合作學習小組中自己應用策略之前，教師在支持性的情況下提供學生多樣的機會來練習策略。

研究支持

歷經十年的時間，CSR 對學習障礙學生和有閱讀困難危機的學生、一般平均成就和高成就學生（Bryant, Vaughn, Linan-Thompson, Ugel, & Hamff, 2000; Klingner, Vaughn, Argüelles, Hughes, & Ahwee, 2004; Klingner, Vaugh, & Schumm, 1998; Vaughn, Chard, et al., 2000），以及英語學習者（Klingner & Vaughn, 1996, 2000）已獲得正向的成果。在 CSR 的第一項研究中，Klingner 等人（1998）針對四年級融合班提供不同的教學，來教導學生在閱讀社會科教科書時如何使用 CSR。控制組學生接受一般的教師直接教學教授相同內容。CSR 的學生比控制組的學生，在蓋茲—馬克基尼特閱讀測驗中達到統計上的顯著進步，以及在社會科的學科知識上表現出相同的水平。

之後，Klingner 和 Vaughn（2000）針對五年級學生（其中多數為英語學習者），在小組中閱讀科學教科書和學習時實施 CSR。結果顯示，學生們展現高度的課堂參與，且彼此在字義、主要概念和文本理解上相互協助。在其他研究中，Bryant 等人（2000）在一項融合中學方案中實施 CSR，則不論是否為學習障礙學生，都有所進步；Vaughn、Chard 等人（2000）調查了 CSR 在三年級的介入教學中流暢度和理解力的成效，獲得正向的結果。

近來，Klingner 等人（2004）比較五所學校中的五個 CSR 和五個「控制組」的教師和他們的學生。CSR 教室裡的學生與控制組的學生相比，在閱讀理解力上有顯著的改善。教師們在 CSR 中有不同的應用實施，除了一位教師之外，而學生的理解力隨著 CSR 使用的質與量而有所提升。

最近期的 CSR 應用，是一項針對有嚴重閱讀困難中學生的研究。該研究中以電腦應用方法來實施 CSR，教學時學生兩人一組一起閱讀電腦上的文本，並回應評論性的 CSR 策略（Kim et al., 2006）。

此外，CSR 包含在特殊教育中做為促進學習障礙學生成就表現的關鍵要素，諸如 (1) 教學清晰且明確；(2) 實施程序性策略來促進學習；(3) 使用互動小組和（或）夥伴；(4) 提供學生同儕之間，以及教師與學生師生之間，進行互動對話的機會（Fuchs, Fuchs, Mathes, & Lipsey, 2000; Gersten, Fuchs, Williams, & Baker,

2001; Swanson, Hoskyn, & Lee, 1999; Vaughn, Gersten, & Chard, 2000）。

▌如何實施合作閱讀策略

首先，教師對學生進行明示教學來教導 CSR 閱讀理解策略。如同交互教學一樣，教師先傳達學習不同閱讀理解策略的價值，強調這些是能力好的閱讀者用來幫助自己理解閱讀內容的策略，以及透過這些策略的學習，每個人都可以成為能力更好的閱讀者。教師也要強調，閱讀就是思考。然後，教師使用放聲思考的方法來示範如何在閱讀一篇短文時使用不同的策略。再次地，如同交互教學法，學生在第一天接觸所有的策略，以使他們能夠對 CSR 類型的策略性閱讀是什麼樣子有概念。然後教師針對每一種策略提供額外的教學，教導學生為什麼、何時，以及如何應用每一個策略。CSR 的閱讀策略包括（Klingner et al., 2001）：

1. **預覽**：預覽的目的是：(1) 幫助學生辨識文本是關於什麼的；(2) 善用自己已具備跟主題有關的先備知識；以及 (3) 引發學生對主題的興趣。教師透過提醒學生使用文本中所有的視覺化線索，如圖片、圖表或圖形，以及閱讀文章的標題和副標題，來幫助學生預覽。教師或許會幫助學生將主題連結到自己的經驗，也會預先教導對理解文本是重要的，但不適合使用「叮和咚」修復策略的重要關鍵字彙。

2. **叮咚策略**：學生透過叮咚策略的歷程監控自己的文本理解。當學生瞭解訊息，就是「叮」（click），當學生不懂訊息時，就是「咚」（clunk）。學生們一起識別文本中的「咚」，並使用修復策略來幫助自己「瞭解」（declunk）單字或概念。「咚」專家使用「咚」卡來促進這個歷程。每張卡片上印有一個「咚」（不懂的）單字、概念或想法的不同策略：

   (1) 重讀沒有這個單字的句子。想想這個句子是什麼意思。

   (2) 重讀有「咚」的句子及「咚」前後的句子，來尋找線索。

   (3) 尋找這個單字的字首或字尾。

   (4) 把單字分成幾個部分，並尋找你認得的較短的單字。

學生在學習日誌中記錄自己的「咚」，以便分享予教師和同儕。

3. **找主旨**：找主旨是指學生能盡可能簡潔地用自己的話，說出段落的主要概念或各段落的集群。透過這種方式，學生學會如何整合訊息，抓取文本的一個較大的部分，從中摘取重要的概念或想法。教導學生找出段落中最重要的**誰**（who）或**什麼**（what），然後忽略細節，只找出有關**誰**或**什麼**的最重要訊息。許多教師要求學生在十個字以內說出段落的主要觀點。

4. **總結**：學生透過提出關於所學的問題和答案，以及複習重要概念來學習「**總結**」。其目標是促進學生的知識、理解，以及記憶他們所讀的內容。學生產生關於段落中重要訊息的問題。學生學習使用問題起動者（question starters）來開啟提問：**誰**（who）、**什麼**（what）、**何時**（when）、**何地**（where）、**為什麼**（why），以及**如何**（how）（「5 個 W 和一個 H」）。如同交互教學法一樣，學生假裝自己是教師，想想看為了瞭解學生是否真正理解所讀，可能會在考試時出什麼問題。其他的學生則必須試著回答問題。教導學生提問一些關於段落中有明確描述的訊息的問題，以及答案不在段落中而是「在你的腦袋裡」的其他問題（Raphael, 1986）。換句話說，鼓勵學生提出包含高層次思考技巧和回想字面原義的問題。為了複習，學生在 CSR 學習日誌中寫下每日指定閱讀中最重要的概念。然後，請學生在班級中輪流分享自己學到了什麼。許多學生能夠在短時間內分享自己的「最佳想法」，這為教師提供了有關學生的閱讀理解程度的有價值訊息。

一旦學生在教師的支持下熟練了理解策略的使用，則學生已經學會如何在異質性的合作學習小組中應用策略。根據 Johnson 和 Johnson（1989）所言，合作學習應該鼓勵和包括：

● 積極的相互依賴。
● 學生之間相當多面對面的互動。
● 個人責任。
● 正向的社會性技巧。

● 自我和團體的評價或回饋。

在合作小組中，學生不是單純地一起做相同的指定作業；每個人都必須扮演一個重要的角色，以及每個人都擔負著讓小組成功的責任。讓學生瞭解，他們有兩個責任：確認學生學會了教材，而且也要幫助小組中的每位成員學會教材。

不曾參與過合作學習小組的學生可能需要一些準備，以便能在此情境下高效和有效地工作。練習一些對小組成功運作所需的重要技巧，諸如傾聽、尋求回饋、詢問他人的意見、輪流、要求澄清問題，以及解決衝突的方法等，可能對學生會有所幫助（Klingner et al., 2001；並參考 Kagan, 1991）。

CSR 中，學生討論自己所讀的內容、協助彼此理解文本，以及提供同儕學業上和情感上的支持。CSR 中，每個人都有嘗試所有角色的機會，這些角色可能包括（Klingner et al., 2001）：

● **帶領者**：透過說明接下來要閱讀什麼，以及接下來要使用什麼策略，來帶領小組應用 CSR；且在必要時，會尋求教師的協助。

● **「咚」專家**：在嘗試理解有困難的單字或概念時，使用「咚」卡片來提醒小組應該要遵循的步驟。

● **主旨專家**：引領小組找出主旨，以及判斷主旨包含最重要的概念而不包含不必要的細節。

● **主持人**：邀請不同的小組成員閱讀或分享概念，並確認每個人都有參與，且一次只一個人說話。

● **鼓勵者**：觀察小組並給予回饋、搜尋可讚賞的行為、鼓勵所有小組成員參與討論和相互協助、評量小組的合作情形並提出改善建議。

● **計時員**：讓小組成員知道他們有多少時間寫完學習日誌，或完成文本中一個小節的閱讀；掌控時間，並提醒小組要保持專注（如果有必要的話）。

許多教師使用較小的小組，並結合各個角色和責任，進行各個角色的明示教學。要做到這一點的方法之一是，針對挑選出來能夠向同學示範的學生預先教導

各個角色。此外，CSR 包括每一個角色的提示卡，做為提醒學生需要什麼的提示之用。學生在第一次參與小組共同工作時使用提示卡，等到學生對於如何擔任角色變得較有自信時，就可以鼓勵學生拋開提示卡，這樣才能更自然地討論。提示卡在幫助學習障礙學生成功承擔包括帶領者的任何一個 CSR 角色時，發揮了重要的功能。

　　CSR 學習日誌是此模式的一個重要要素。CSR 學習日誌讓學生保持著「如同發生的當下」的學習歷程，並做為後續活動的跳板。學習日誌提供所有學生積極參與小組的另一種方式，以及提供學習障礙學生和英語學習者構築自己的想法時，一個有價值的「等待時間」（wait time）。學習日誌可用於記錄應用每一個策略或只應用某些策略時的想法（如，寫下「咚」和重要概念）。學習日誌可以使用活頁筆記本，或將紙張對折後加上雲彩紙封面裝訂而成的小冊子。可為每個社會科學習或科學單元設計不同的學習日誌；這些日誌提供了關於學習的書面資料，且可以做為極好的學習指南。一些特教教師甚至已經將 CSR 學習日誌納入學生的個別化教育計畫（IEPs）中（Chang & Shimizu, 1997）。請參閱圖 6.4 的學習日誌示例。

　　一旦教師已經教授學生策略和方法，且學生已經開始在合作學習小組中學習時，教師的角色則是在各組之間巡視，以及提供後續的協助。教師可以透過積極聆聽學生的討論而給予協助，以及在有必要時，澄清困難的單字、示範策略的使用、鼓勵學生參與，以及給予正增強。教師應該要預期，學生學習在合作小組中工作、應用策略和掌握教科書中的內容時將會需要一些協助。學生的工作重點，應該是學習教材，以及也幫助同儕學習教材，而不只是經歷指定策略的步驟而已。

今日主題：_____ 日期：_____ 姓名：_____

閱讀前
預覽

閱讀後
總結

關於主題，我已經知道什麼：	有關段落中重要概念的問題：
我預測我可以學到：	我學到：

閱讀時
「咚」策略

主旨

圖 6.4　CSR 學習日誌

資料來源：引自 Janette K. Klingner、Sharon Vaughn 和 Alison Boardman。Copyright 2007 by The Guilford Press。心理出版社（2015）版權所有。授權購買本書之讀者影印本圖，但僅供個人使用。

結語

　　總而言之，本章所介紹的三種方法都有著共同點，包括都源自於認知心理學，以及強調在促進學習時，與他人對話的重要性。使用任一種方法，學生都要學習在閱讀前、閱讀中和閱讀後應用不同的策略。學生透過示範、明示教學和引導式練習來學習。任一種方法都已經被證實可以有效提升學習障礙學生和其他學

生的閱讀理解力。

此外，也發現每一種方法的學習以及在教室中應用，對教師來說都具有其挑戰性。我們衷心地提出忠告，期盼在嘗試新的教學實踐時，教師要和學習小組成員們一起討論應用策略時的挑戰，並相互支持。我們知道，儘管有些教師似乎很快地理解，並成為相當有經驗的策略教學者；而一些教師卻仍無法跳脫表面層次應用的困難。例如，研究指出一些教師應用交互教學法沒有太大的成效。可能是發生了「致命性的突變」（Lethal mutations），而導致方法較不成功（Brown & Campione, 1996; Seymour & Osana, 2003）。似乎，交互教學的目標（即，提高學生的自我監控和文本理解）及其基本原理並不是完全被瞭解。同樣地，Klingner 和同事們（2004）在他們的研究中，提出了實施 CSR 的教師之間的偌大差異。他們猜想，如果教好理解策略的能力屬於一個高層次的技能，則教室裡的教師在專注於策略教學之前，首先必須對自己教學的其他面向（如班級經營）感到舒服。這樣的想法讓人想起認知負荷理論（cognitive load theory）（Valcke, 2002）：任何個體在同一時間的專注是有限。

Pressley 和同事們已經發表大量有關在真實教室裡實際應用閱讀理解策略教學的挑戰（Pressley, Hogan, Wharton-McDonald, & Mistretta, 1996; Pressley & El-Dinary, 1997）。Pressley 和 Hilden（2006）推測，為什麼對一些教師來說，成為熟練的策略教學者是如此之難。他們假設，教好理解策略並不容易，因為每個策略都是概念性的綜合體，需要多元的操作才能執行；當放在一起時，多元的策略甚至變得更複雜難懂。另一種假設是，如果教師自己不使用理解策略，或不知道自己的策略性思考，他們就不能充分理解策略來教學，且可能不會意識到理解策略可以提升閱讀（Keene & Zimmermann, 1997）。類似放聲思考這樣的教學活動，也就變得特別困難。Pressley 和 Hilden 補充了軼事性的證據，證實學習教導理解策略的教師本身會變成更積極、具策略性的閱讀者和能力更好的閱讀理解者（如：Pressley, El-Dinary, et al., 1992）。顯然，教導學生策略，使學生的策略應用成為第二個天性，是需要教師相當的專業知識和承諾。而其結果是非常值得的。

專門用語彙編

TELLS（TELLS） 理解策略，其引導學生：（T）研究故事的標題；（E）檢視和瀏覽每一頁來尋找線索；（L）找出重要的單字；（L）找出困難的單字；（S）思考故事的背景。

互動式教學模式（Interactive instructional model） 仰賴使用關聯地圖（relationship maps）和圖表（charts）的語意特徵分析，以及合併互動式的策略性對話。

分層摘要法（Hierarchical summary procedure） 透過預覽、閱讀、摘要、學習和重述的方式，來引導學生關注文章的組織性結構的技巧。

文本結構（Text structure） 引導閱讀者辨識關鍵訊息的文本組織方式。

文本預覽（Text preview） 在閱讀前，活化先備知識、預測和激勵學生的策略。

主要概念（Main idea） 文本的核心訊息或一小部分的主旨。

主題（Theme） 主題事件、主要概念或文本的標題。

主題計畫（Theme scheme） 不同文本結構策略的指導技巧。

句法（Syntax） 使用正確的措辭和句子組織。

巨觀歷程（Macroprocessing） 包括總結和組織關鍵訊息的能力，以及連結閱讀內容中的較小單位而成為一個完整文本的能力。

字彙知識（Vocabulary knowledge） 知道上下前後文中使用這個單字的意義。

交互教學法（Reciprocal teaching） 使用預測、摘要、產生問題和澄清來引導小組討論已閱讀的內容。

交互提問法（ReQuest procedure） 一種閱讀理解技巧，結合高品質的教師提問與學生發問。

交流式策略教學法（Transactional strategies instruction）　當教師提供支持和引導學生應用閱讀理解策略時，一個全面的、高強度的、長期的方法；其教學目標是策略使用的自我調節。

合作閱讀策略（Collaborative Strategic Reading, CSR）　教導學生在小組與同儕合作學習時，使用理解策略的多元策略方法。

合作學習（Cooperative learning）　不同能力的學生組成一個小組，朝著共同的課程目標一起學習。

多元策略教學（Multicomponent strategy instruction）　透過教導在閱讀前、閱讀中和閱讀後使用的一套策略，來提高閱讀理解。

多階段（Multipass）　學生透過三個階段來閱讀說明性文本段落：(1)辨識文本的結構，並熟悉主要概念和組織；(2)閱讀章節最後的問題討論，並想出答案；(3)閱讀文本，以發現問題的正確答案。

多義詞（Ambiguities）　有一個以上解釋的單字、片語或句子（例如，Robber gets 6 months in violin case [在小提琴案中，搶匪被判六個月]）。

助記符（Mnemonic）　一種記憶策略，幫助學生記憶新單字或概念（例如，透過連結關鍵字、圖像或押韻），也稱為關鍵字策略。

形態學（Morphology）　使用和了解構詞模式，包括字根、前綴、後綴和詞尾變化的結果。

角色動機（Character motive）　激發角色採取行動的情感、欲望或需求。

放聲思考（Think-aloud）　在閱讀或完成一個作業時，大聲說出正在思考的內容。

直接教學法（Direct instruction）　特定教學策略中的系統化教師指導課程，通常包含說明目標、示範、鷹架練習和錯誤訂正等。

表達（Expressions）　包括慣用語（hang on [堅持下去]）、諺語（「Don't count your chickens before they've hatched!」[別太有自信！]）、俚語（decked out [裝飾]）、標語（「全年無休24/7」）和口號。

非正式閱讀評量（Informal reading inventory, IRI）　非正式閱讀評量（IRI）是個別施測的測驗，測量學生的閱讀程度、字詞分析以及理解技巧；學生閱讀年級程度的單字表和文章，然後重述或回答有關閱讀內容的理解問題。

後設認知歷程（Metacognitive processes）　思考如何思考。閱讀者的意識覺知或認知歷程的控制，如監控閱讀時的理解。

拼音（**Phonics**）　口語發音和文字字母的連結。拼音（或稱自然發音法）包含使用字母發音來對應閱讀和拼出單字。

拼音原則（**Alphabetic principle**）　即用字母組成可發音的語言。

故事地圖（**Story maps**）　透過建立一個故事的圖像呈現，包括故事的要素，以及要素之間的關聯性，來促進閱讀理解的教學策略。

故事書閱讀（**Storybook reading**）　使用朗讀來建構字彙的技巧。

故事架構（**Story structure**）　書面訊息的組織性編排，當文本以可預測的結構構成時，就比較容易理解和記憶。

故事結構（**Story grammar**）　閱讀者能期待在敘事文本中發現的要素的形式，如：角色、背景、情節。

流暢度（**Fluency**）　能準確和快速閱讀的能力。

重述（**Retelling**）　要求學生在閱讀後或聽完故事之後，回顧和重述故事裡的事件的閱讀理解測量。

音韻學（**Phonology**）　區辨和產生講話的聲音。

音韻覺識（**Phonological awareness**）　區辨和操作口語發音（例如，押韻）的能力。

修辭（**Figures of speech**）　不使用字面意思的單字，而是暗示另一種涵義（例如，比喻、誇張）。

效標參照測驗（**Criterion-referenced test**）　旨在測量一個人所學到的訊息或技能的狀況；通常使用臨界分數來判定熟練與否。

班級同儕輔導（**Classwide peer tutoring**）　不同閱讀能力的學生兩人一組（通常為一位平均程度或高於平均程度的學生和一位低於平均程度的學生）一起完成閱讀作業。

問題—答案關係策略（**Question-answer relationships [QAR] strategy**）　教導學生如何回答不同類型的閱讀理解問題的策略。

基模理論（**Schema theory**）　既有訊息的呈現，影響了新概念的學習和記憶。

專有名詞學（**Onomastics**）　名稱的研究。

敘事性文本（**Narrative text**）　描述一個故事的文本；一般所說的小說。

軼事記錄（**Anecdotal record**）　有關教室裡的特定事件或行為的文字描述。

進步監控（**Progress monitoring**）　學生學業成就的系統化評量，用來確定學生的學習和評估教學的有效性。

單字分析（**Word analysis**）　使用字母發音的關係，或其他結構化的形式（如，前綴）

來解碼不認識的單字。

單字聯想（Word associations）　連結單字之間關係的方法，如同義字：ugly（醜陋）、unattractive（沒有吸引力）；反義字：huge（巨大的）、tiny（微小的）；同形異義字：desert（沙漠）、desert（點心）；以及同音異義字：plane（平面的）、plain（素樸的）。

單字結構（Word formations）　包括首字母縮寫（USDA）；複合字（backyard [後院]），以及前後綴（neo-、-ing）。

單字意識（Word consciousness）　學習字詞、玩字詞遊戲，以及對字詞和字詞的不同用法感興趣。

填空法（Cloze procedure）　教師將段落中的單字或其他結構刪除而留下空格，以便讓學生進行填空；同時也被當作評量閱讀能力的方法之一，透過省略文章的每第幾個字，以及觀察閱讀者正確填入空格的數量的方式，來評量學生的閱讀能力。

微觀歷程（Microprocessing）　理解句子的能力；亦即，組塊化概念單位，以便知道什麼是必須要記住的。

解碼（Decoding）　辨識單字的策略。

電腦輔助教學（Computer-assisted instruction, CAI）　意謂透過使用電腦和（或）其他多媒體設備的學習。

圖形組織圖（Graphic organizer）　文本訊息和概念的視覺化呈現。

摘要（Summarizing）　包括從閱讀中產生許多主要概念，然後使用重要的支持訊息來結合這些主要概念而形成摘要。

精讀歷程（Elaborative processes）　超越文本的字面意義來進行推論和連結。

認知組織（Cognitive organizers）　幫助學生記憶和使用學習策略的方法；通常採用助記符來提示學生策略的步驟。

語用學（Pragmatics）　使用語言、透過一般所接受的溝通原則來進行有效的溝通。

語意（Semantics）　理解字義。

語意組織圖（Semantic organizer）　用來促進理解的視覺化訊息。

語境線索（Context clues）　在前後的或接下來的單字或句子中發現的字義或概念的線索。

說明性文本（Expository text）　訊息的或事實的文本。

質問作者（Questioning the Author）　增加閱讀理解和批判思考的策略，鼓勵學生提出

有關作者的意圖和選擇的問題。

標準化常模參照測驗（Standardized norm-referenced test） 透過與同年齡或同年級同儕的分數比較，來測量熟練度的評量。

課程本位測量（Curriculum-based measurement, CBM） CBA的形式之一，包括一組標準化的、簡單的、短時間的在閱讀和其他學科領域之基礎技能的閱讀流暢度評量。

課程本位評量（Curriculum-based assessment, CBA） 一種評量方法，用以測量學生在教學目標和目的上的進步情形；從課程中訂出評量項目，且重複持續地評估，其結果則做為教學計畫的參考。

閱讀者反應理論（Reader-response theory） 基於了解一個人所閱讀的內容是和個人的經驗以及對這些經驗的詮釋有關的前提。

閱讀理解（Comprehension） 一個人了解正在閱讀或討論的內容。

學生體現自主學習（Students Achieving Independent Learning, SAIL） 交流式策略教學技巧之一，為促進兒童文學的延伸閱讀，並鼓勵學生設定自己的閱讀目的和目標，以及選擇適切的閱讀理解策略來支持自己建構意義。

學習障礙（Learning disability, LD） 一種神經系統疾病，可能會導致在閱讀、寫作、拼寫、推理、回想或組織訊息等的困難；學習障礙的個體擁有平均或高於平均的智力。

整合歷程（Integrative processes） 透過理解和推論線索之間的關聯性，來進行跨句子連結的能力。

關鍵字策略（Keyword strategies） 乃是透過連結一個關鍵字到必須記住的單字或概念，來幫助學生記憶單字或概念的記憶策略。

釋義（Paraphrasing） 重述已聽到的，或是用自己的話閱讀；通常比摘要還要詳細些。

鷹架（Scaffolding） 教學技巧之一，首先，教師先示範學習策略或作業，提供適合學習者程度的協助，然後逐漸地將責任轉移到學生身上，直到學生可以獨立完成作業。

參考文獻

Alfassi, M. (1998). Reading for meaning: The efficacy of reciprocal teaching in fostering reading comprehension in high school students in remedial classes. *American Educational Research Journal, 35,* 309–332.

Allen, J. (1999). *Word, words, words: Teaching vocabulary in grades 4–12.* Portland, ME: Stenhouse.

Amer, A. A. (1992). The effect of story grammar instruction on EFL students' comprehension of narrative text. *Reading in a Foreign Language, 8*(2), 711–720.

Anderson, R. C., Hiebert, E. H., Scott, J. A., & Wilkinson, I. (1985). *Becoming a nation of readers.* Washington, DC: National Institute of Education.

Anderson, R. C., & Nagy, W. E. (1992). The vocabulary conundrum. *American Educator, 16,* 14–18, 44–47.

Anderson, R. C., & Pearson, P. D. (1984). A schema-theoretic view of basic processes in reading comprehension. In P. D. Pearson, R. Barr, M. L. Kamil, & P. Mosenthal (Eds.), *Handbook of reading research* (Vol. 1, pp. 255–292). White Plains, NY: Longman.

Anderson, V. (1992). A teacher development project in transactional strategy instruction for teachers of severely reading-disabled adolescents. *Teaching and Teacher Education, 8,* 391–403.

Applegate, M. D., Quinn, K. B., & Applegate, A. J. (2002). Levels of thinking required by comprehension questions in Informal Reading Inventories. *Reading Teacher, 56*(2), 174–180.

Armbruster, B. B., & Anderson, T. H. (1981). *Content area textbooks.* Reading Report No. 23. Champaign, IL: University of Illinois, Center for the Study of Reading.

Armbruster, B. B., Anderson, T. H., & Ostertag, J. (1987). Does text structure/summarization instruction facilitate learning from expository text? *Reading Research Quarterly, 22,* 331–346.

Bader, A. L. (1998). *Bader Reading and Language Inventory—Third Edition.* Upper Saddle River, NJ: Prentice Hall.

Baker, L. (2002). Metacognition in strategy instruction. In C. C. Block & M. Pressley (Eds.), *Comprehension instruction: Research-based best practices* (pp. 77–95). New York: Guilford Press.

Baker, S., Gersten, R., & Graham, S. (2003). Teaching expressive writing to students with learning disabilities: Research-based applications and examples. *Journal of Learning Disabilities, 36*(2), 109–123.

Bakken, J. P., & Whedon, C. K. (2002). Teaching text structure to improve reading comprehension. *Intervention in School and Clinic, 37*, 229–233.

Ball, E. W., & Blachman, B. A. (1991). Does phoneme awareness training in kindergarten make a difference in early word recognition and developmental spelling? *Reading Research Quarterly, 26*, 49–66.

Bauman, J., & Kame'enui, E. (1991). Research on vocabulary instruction: Ode to Voltaire. In J. Flood, J. Jensen, D. Lapp, & J. Squire (Eds.). *Handbook on teaching the English language arts* (pp. 604–632). New York: Macmillan.

Baumann, J. F. (1984). The effectiveness of a direct instruction paradigm for teaching main idea comprehension. *Reading Research Quarterly, 20*, 93–115.

Baumann, J. F., Edwards, E. C., Boland, E. M., Olejnik, S., & Kame'enui, E. J. (2003). Vocabulary tricks: Effects of instruction in morphology and context on fifth-grade students' ability to derive and infer word meanings. *American Educational Research Journal, 40*(2), 447–494.

Beach, R. (1993). *A teachers' introduction to reader response theories.* Urbana, IL: National Council of Teachers of English.

Bean, T. W., Potter, T. C., & Clark, C. (1980). Selected semantic features of ESL materials and their effect on bilingual students' comprehension. In M. Kamil & A. Moe (Eds.), *Perspectives on reading research and instruction: Twenty-ninth yearbook of the National Reading Conference* (pp. 1–5). Washington, DC: National Reading Conference.

Beaver, J. (1997). *Developmental Reading Assessment* (DRA). Lebanon, IN: Pearson Learning Group.

Beck, I. L. (2006). *Making sense of phonics: The hows and whys.* New York: Guilford Press.

Beck, I. L., & McKeown, M. G. (1983). A program to enhance vocabulary and comprehension. *The Reading Teacher, 36*, 622–625.

Beck, I. L., & McKeown, M. G. (1998). Comprehension: The sine qua non of reading. In S. Patton & M. Holmes (Eds.), *The keys to literacy* (pp. 40–52). Washington, DC: Council for Basic Education.

Beck, I. L., McKeown, M. G., & Kucan, L. (2002). *Bringing words to life: Robust vocabulary instruction.* New York: Guilford Press.

Beck, I. L., McKeown, M. G., & Omanson, R. C. (1987). The effects and uses of diverse vocabulary instructional techniques. In M. G. McKeown & M. E. Curtis (Eds.), *The nature of vocabulary acquisition* (pp. 147–163). Hillsdale, NJ: Erlbaum.

Beck, I. L., McKeown, M. G., Omanson, R. C., & Pople, M. T. (1985). Some effects of the nature and frequency of vocabulary instruction on the knowledge and use of words. *Reading Research Quarterly, 20*, 522–535.

Beck, I. L., McKeown, M. G., Sandora, C., Kucan, L., & Worthy, J. (1996). Questioning the author: A yearlong classroom implementation to engage students with text. *Elementary School Journal, 96*(4), 385–414.

Bell, R. Q. (1968). A reinterpretation of the direction of effects in studies of socialization. *Psychological Review, 75,* 81–95.

Bergman, J. L. (1992). SAIL: A way to success and independence for low-achieving readers. *The Reading Teacher, 45,* 598–602.

Berry, G., Hall, D., & Gildroy, P. G. (2004). Teaching learning strategies. In K. Lenz, D. Deshler, & B. R. Kissam (Eds.), *Teaching content to all: Evidence-based inclusive practices in middle and secondary schools* (pp. 258–278). Boston: Pearson Education.

Bintz, W. (2000). Using freewriting to assess reading comprehension. *Reading Horizons, 40*(3), 205–222.

Blachowicz, C. L. Z., & Fisher, P. (2004). Keep the "fun" in fundamental: Encouraging word awareness and incidental word learning in the classroom through word play. In J. F. Baumann & E. J. Kame'enui (Eds.), *Vocabulary instruction: Research to practice* (pp. 218–238). New York: Guilford Press.

Blachowicz, C., & Ogle, D. (2001). *Reading comprehension: Strategies for independent learners.* New York: Guilford Press.

Blanton, W. E., Wood, K. D., & Moorman, G. B. (1990). The role of purpose in reading instruction. *The Reading Teacher, 43,* 486–493.

Bos, C. S. (1987). *Promoting story comprehension using a story retelling strategy.* Paper presented at the Teachers Applying Whole Language Conference, Tucson, AZ.

Bos, C. S., & Anders, P. L. (1992). Using interactive teaching and learning strategies to promote text comprehension and content learning for students with learning disabilities. *International Journal of Disability, Development and Education, 39,* 225–238.

Bos, C. S., & Vaughn, S. (2002). *Strategies for teaching students with learning and behavior problems* (5th ed.). Boston: Allyn & Bacon.

Boyle, J. R., & Weishaar, M. (1997). The effects of expert-generated versus student-generated cognitive organizers on the reading comprehension of students with learning disabilities. *Learning Disabilities Research and Practice, 12*(4), 228–235.

Brand-Gruwal, S., Aarnoutse, C. A. J., & Van Den Bos, K. P. (1997). Improving text comprehension strategies in reading and listening settings. *Learning and Instruction, 8*(1), 63–81.

Bransford, J., Brown, A. L., & Cocking, R. R. (1999). *How people learn: Brain, mind, experience, and school.* Washington, DC: Committee on Developments in the Science of Learning, National Research Council.

Brown, A. L., & Campione, J. C. (1996). Theory and design of learning environments. In L. Schauble & R. Glaser (Eds.), *Innovations in learning: New environments for education* (pp. 289–325). Mahwah, NJ: Erlbaum.

Brown, A. L., & Day, J. D. (1983). Macrorules for summarizing texts: The development of expertise. *Journal of Verbal Learning and Verbal Behavior, 22*(1), 1–14.

Brown, A. L., & Palincsar, A. S. (1989). Guided, cooperative learning and individual knowledge acquisition. In L. B. Resnick (Ed.), *Knowing, learning, and instruction: Essays in honor of Robert Glaser* (pp. 393–451). Hillsdale, NJ: Erlbaum.

Brown, L. V., Hammill, D. D., & Wiederholt, J. L. (1995). *The Test of Reading Comprehension—Third Edition* (TORC-3). Circle Pines, MN: AGS.

Brown, R., Pressley, M., Van Meter, P., & Schuder, T. (1996). A quasi-experimental validation of transactional strategies instruction with low-achieving second grade readers. *Journal of Educational Psychology, 88,* 18–37.

Bryant, D. P., Goodwin, M., Bryant, B. R., & Higgins, K. (2003). Vocabulary instruction for students with learning disabilities: A review of the research. *Learning Disability Quarterly, 26,* 117–128.

Bryant, D. P., Vaughn, S., Linan-Thompson, S., Ugel, N., & Hamff, A. (2000). Reading outcomes for students with and without learning disabilities in general education middle school content area classes. *Learning Disability Quarterly, 23*(3), 24–38.

Cain, K. (1996). Story knowledge and comprehension skill. In C. Cornoldi & J. V. Oakhill (Eds.), *Reading comprehension difficulties: Processes and remediation* (pp. 167–192). Mahwah, NJ: Erlbaum.

Carrell, P. L. (1984). Evidence of a formal schema in second language comprehension. *Language Learning, 34*(2) 87–112.

Carrell, P. L. (1992). Awareness of text structure: Effects on recall. *Language Learning, 42*(1), 1–20.

Casteel, C. P., Isom, B. A., & Jordan, K. F. (2000). Creating confident and competent readers: Transactional strategies instruction. *Intervention in School and Clinic, 36,* 67–74.

Cazden, C. (1988). *Classroom discourse: The language of teaching and learning.* Portsmouth, NH: Heinemann.

Champion, A. (1997). Knowledge of suffixed words: A comparison of reading disabled and nondisabled readers. *Annals of Dyslexia, 47,* 29–55.

Chang, J., & Shimizu, W. (1997, January). *Collaborative strategic reading: Cross-age and cross-cultural applications.* Paper presented at the Council for Exceptional Children Symposium on Culturally and Linguistically Diverse Exceptional Learners, New Orleans, LA.

Chen, H., & Graves, M. F. (1995). Effects of previewing and providing background knowledge on Taiwanese college students comprehension of American short stories. *TESOL Quarterly, 29*(4), 663–686.

Ciardiello, A. V. (2002). Helping adolescents understand cause/effect text structure in social studies. *Social Studies, 93*(1), 31–36.

Collins, C. (1991). Reading instruction that increases thinking abilities. *Journal of Reading, 34,* 510–516.

Cunningham, A. E., & Stanovich, K. E. (1991). Tracking the unique effects of print exposure in children: Associations with vocabulary, general knowledge, and spelling. *Journal of Educational Psychology, 83,* 264–274.

Cunningham, J. W., & Wall, L. (1994). Teaching good readers to comprehend better. *Journal of Reading, 37,* 480–486.

Dale, E. (1965). Vocabulary measurement: Techniques and major findings. *Elementary English, 42,* 82–88.

Darch, C., & Gersten, R. (1986). Direction-setting activities in reading comprehension: A comparison of two approaches. *Learning Disability Quarterly, 9,* 235–243.

Darch, C., & Kame'enui, E. J. (1987). Teaching LD students critical reading skills: A systematic replication. *Learning Disability Quarterly, 10,* 82–91.

Deno, S. L. (1985). Curriculum-based measurement: The emerging alternative. *Exceptional Children, 52,* 219–232.

Deno, S. (1992). The nature and development of curriculum-based measurement. *Preventing School Failure, 36,* 5–10.

Dewitz, P., & Dewitz, P. K. (2003). They can read the words, but they can't understand: Refining comprehension assessment. *Reading Teacher, 56*(5), 422–435.

Dickson, S. (1999). Integrating reading and writing to teach compare–contrast text structure: A research-based methodology. *Reading and Writing Quarterly, 14,* 49–79.

Dickson, S. V., Simmons, D., & Kame'enui, E. J. (1995). Instruction in expository text: A focus on compare–contrast structure. *LD Forum, 20*(2), 8–15.

Dole, J. A., Duffy, G. G., Roehler, L. R., & Pearson, P. D. (1991). Moving from the old to the new: Research on reading comprehension instruction. *Review of Educational Research, 61,* 239–264.

Dole, J. A., Valencia, S. W., Greer, E. A., & Wardrop, J. L. (1991). Effects of two types of prereading instruction on the comprehension of narrative and expository text. *Reading Research Quarterly, 26*(2), 142–159.

Duke, N. K., & Pearson, D. (2002). Effective practices for developing reading comprehension. In A. E. Farstrup & S. J. Samuels (Eds.), *What research has to say about reading instruction* (3rd ed., pp. 205–242). Newark, DE: International Reading Association.

Durkin, D. (1978–1979). What classroom observations reveal about reading comprehension instruction. *Reading Research Quarterly, 14,* 481–533.

Einstein, A. (1961). *Relativity: The special and the general theory* (R. W. Lawson, Trans.). New York: Bonanza Books.

El-Dinary, P. B., Pressley, M., & Schuder, T. (1992). Teachers learning transactional strategies instruction. In C. K. Kinzer & D. J. Leu (Eds.), *Literacy research, theory, and practice: Views from many perspectives: 41st yearbook of the National Reading Conference* (pp. 453–462). Chicago: National Reading Conference.

Ellis, E. S., & Farmer, T. (2005). The clarifying routine: Elaborating vocabulary instruction. Retrieved March 3, 2006, from *www.ldonline.org*

Englert, C. S. (1990). Unraveling the mysteries of writing through strategy instruction. In T. Scruggs & B. Wong (Eds.), *Intervention research in learning disabilities* (pp. 186–223). New York: Springer-Verlag.

Englert, C. S. (1992). Writing instruction from a sociocultural perspective: The holistic, dialogic, and social enterprise of writing. *Journal of Learning Disabilities, 25,* 153–172.

Englert, C. S., & Hiebert, E. H. (1984). Children's developing awareness of text structures in expository materials. *Journal of Education Psychology, 76,* 65–75.

Englert, C. S., Garmon, A., Mariage, T., Rozendal, M., Tarrant, K., & Urba, J. (1995). The early literacy project: Connecting across the literacy curriculum. *Learning Disability*

Quarterly, 18, 253–275.

Espin, C. A., Shin, J., & Busch, T. W. (2005). Curriculum-based measurement in the content areas: Vocabulary matching as an indicator of progress in social studies learning. *Journal of Learning Disabilities, 38*(4), 353–363.

Fillmore, L. W., & Snow, C. (2000). *What teachers need to know about language.* Available at *www.cal.org/resources/teachers.pdf*

Fitzgerald, J. (1995). English-as-a-second-language learners' cognitive reading processes: A review of research in the United States. *Review of Educational Research, 65,* 145–190.

Flavell, J. H. (1979). Metacognition and cognitive monitoring: A new area of cognitive–developmental inquiry. *American Psychologist, 34,* 906–911.

Flynt, E. S., & Cooter, R., Jr. (1998). *Flynt–Cooter Reading Inventory for the Classroom.* Columbus, OH: Merrill Education (Prentice Hall).

Fuchs, D., Fuchs, L. S., Mathes, P. G., & Lipsey, M. W. (2000). Reading differences between low-achieving students with and without learning disabilities: A meta-analysis. In R. Gersten, E. P. Schiller, & S. Vaughn (Eds.), *Contemporary special education research: Syntheses of the knowledge base on critical instruction issues* (pp. 81–105). Mahwah, NJ: Erlbaum.

Fuchs, D., Fuchs, L. S., Mathes, P. G., & Simmons, D. C. (1997). Peer assisted learning strategies: Making classrooms more responsive to diversity. *American Educational Research Journal, 34,* 174–206.

Fuchs, L., & Deno, S. (1992). Effects of curriculum within curriculum-based measurement. *Exceptional Children, 58,* 232–243.

Fuchs, L. S., & Fuchs, D. (1999). Monitoring student progress toward the development of reading competence: A review of three forms of classroom-based assessment. *School Pyschology Review, 28*(4), 659–671.

Fuchs, L. S., & Fuchs, D. (2003). Curriculum-Based Measurement: A best practice guide. *NASP Communique, 32*(2).

Fuchs, L. S., Fuchs, D., Hamlett, C., Philips, N., & Bentz, J. (1994). Classwide curriculum-based measurement: Helping general educators meet the challenge of student diversity. *Exceptional Children, 60,* 15–24.

Gajria, M., & Salvia, J. (1992). The effects of summarization instruction on text comprehension of students with learning disabilities. *Exceptional Children, 58*(6), 508–516.

Gall, M. (1984). Synthesis of research on teachers' questioning. *Educational Leadership, 42*(3), 40–47.

Garner, R. (1992). Metacognition and self-monitoring strategies. In S. J. Samuels & A. E. Farstrup (Eds.), *What research has to say about reading instruction.* (2nd ed., pp. 236–252). Newark, DE: International Reading Association.

Gaskins, I. W., Anderson, R. C., Pressley, M., Cunicelli, E. A., & Satlow, E. (1993). Six teachers' dialogue during cognitive process instruction. *Elementary School Journal, 93,* 277–304.

Geisel, T. S. (1971). *The Lorax by Dr. Suess.* New York: Random House.

Gersten, R., Fuchs, L., Williams, J. P., & Baker, S. (2001). Teaching reading comprehension strategies to students with learning disabilities: A review of research. *Review of Educa-*

tional Research, 71, 279–320.

Gersten, R., Fuchs, L., Williams, J., & Baker, S. (2001). Teaching reading comprehension strategies to students with learning disabilities: A review of research. *Review of Educational Research, 71,* 279–320.

Gillis, M. K., & Olson, M. W. (1987). Elementary IRIs: Do they reflect what we know about text type/structure and comprehension? *Reading Research and Instruction, 27,* 36–44.

Goldman, S. R., & Rakestraw, J. A. (2000). Structural aspects of constructing meaning from text. In M. L. Kamil, P. B. Mosenthal, P. D. Pearson, & R. Barr (Eds.), *Handbook of reading research* (Vol. 3, pp. 311–335). Mahwah, NJ: Erlbaum.

Goldstone, B. P. (2002). Whaz up with our books? Changing picture book codes and teaching implications. *The Reading Teacher, 55,* 362–370.

Graves, A. W. (1986). Effects of direct instruction and metacomprehension training on finding main ideas. *Learning Disabilities Research, 1,* 90–100.

Graves, M. F. (2000). A vocabulary program to complement and bolster a middle-grade comprehension program. In B. M. Taylor, M. F. Graves, & P. van den Broek (Eds.), *Reading for meaning: Fostering comprehension in the middle grades* (pp. 116–135). Newark, DE: International Reading Association.

Graves, M. F. (2004). Teaching prefixes: As good as it gets? In J. F. Baumann & E. J. Kame'enui (Eds.), *Vocabulary instruction: Research to practice* (pp. 81–99). New York: Guilford Press.

Graves, M. F., Brunetti, G. J., & Slater, W. H. (1982). The reading vocabularies of primary-grade children of varying geographic and social backgrounds. In J. A. Harris & L. A. Harris (Eds.), *New inquiries in reading research and instruction* (pp. 99–104). Rochester, NY: National Reading Conference.

Graves, M. F., Calfee, R., Graves, B. B., & Juel, C. (2006). *Teaching reading in the 21st century* (4th ed.). Boston: Allyn & Bacon.

Graves, M. F., Juel, C., & Graves, B. B. (2001). *Teaching reading in the 21st century* (2nd ed.). Boston: Allyn & Bacon.

Graves, M. F., Prenn, M., & Cooke, C. L. (1985). The coming attractions: Previewing short stories. *Journal of Reading, 28*(7), 594–598.

Gunning, T. G. (2002). *Assessing and correcting reading and writing difficulties* (2nd ed.). Boston: Allyn & Bacon.

Haager, D., & Klingner, J. K. (2005). *Differentiating instruction in inclusive classrooms: The special educators' guide.* Boston: Allyn & Bacon.

Hansen, C. L. (1978). Story retelling used with average and learning disabled readers as a measure of reading comprehension. *Learning Disability Quarterly,1,* 62–69.

Harcourt Assessment. (2002). *Stanford 10 Reading Assessment.* San Antonio, TX: Author.

Harcourt, Brace Educational Measurement. (1996). *Key Links: The Difference between Instruction and Assessment.* San Antonio, TX: Author.

Harniss, M. K., Dickson, S. V., Kinder, D., & Hollenbeck, K. L. (2001). Textual problems and instructional solutions: Strategies for enhancing learning from published history textbooks. *Reading and Writing Quarterly: Overcoming Learning Difficulties, 17,* 127–150.

Harris, K. R., & Graham, S. (1999). Programmatic intervention research: Illustrations from the evolution of self-regulated strategy development. *Learning Disability Quarterly, 22,* 251–262.

Hasbrouck, J. E., & Tindal, G. (1992). Curriculum-based oral reading fluency norms for students in grades 2 through 4. *Teaching Exceptional Children, 24*(3), 41–44.

Hawkins, G. S. (1983). *Mindsteps to the cosmos.* New York: Harper & Row.

Heilman, A. W., Blair, T.R., & Rupley, W. H. (1998). *Principles and practices of teaching reading* (9th ed.). Columbus, OH: Merrill/Prentice Hall.

Hickman, P., Pollard-Durodola, S., & Vaughn, S. (2004). Storybook reading: Improving vocabulary and comprehension for English language learners. *Reading Teacher, 57*(8), 720–730.

Hinds, J. (1983). Contrastive rhetoric: Japanese and English. *Text, 3*(2), 183–195.

Hirsch, E. D., Jr. (2003). Reading comprehension requires word knowledge—of words and the world: Scientific insights into the fourth grade slump and the nation's stagnant comprehension scores. *American Educator, 27*(1), 10–13.

Hoover, H. D., Hieronymus, A. N., Frisbie, D. A., & Dunbar, S. B. (1996). *Iowa Test of Basic Skills* (ITBS). Itasca, IL: Riverside.

Hutchins, E. (1991). The social organization of distributed cognition. In L. Resnick, J. M. Levine, & S. D. Teasley (Eds.), *Perspectives on socially shared cognition* (pp. 283–307). Washington, DC: American Psychological Association.

Idol, L. (1987). Group story mapping: A comprehension strategy for both skilled and unskilled readers. *Journal of Learning Disabilities, 20,* 196–205.

Idol-Maestas, L. (1985). Getting ready to read: Guided probing for poor comprehenders. *Learning Disability Quarterly, 8,* 243–254.

Invernizz, M.A., & Abouzeid, M. P. (1995). One story map does not fit all: A cross cultural analysis of children's written story retellings. *Journal of Narrative and Life History, 5,* 1–19.

Irwin, J. W. (1991). *Teaching reading comprehension processes* (2nd ed.). Englewood Cliffs, NJ: Prentice Hall.

Irwin, J. W., & Baker, I. (1989). *Promoting active reading strategies.* Englewood Cliffs, NJ: Prentice Hall.

Jenkins, J. R., Heliotis, J., Stein, M. L., & Haynes, M. (1987). Improving reading comprehension by using paragraph restatements. *Exceptional Children, 54,* 54–59.

Jenkins, J. R., Larson, K., & Fleisher, L. S. (1983). Effects of error correction on word recognition and reading comprehension. *Learning Disability Quarterly, 6,* 139–145.

Jiménez, R. T., Garcia, G. E., & Pearson, P. D. (1995). Three children, two languages, and strategic reading: Case studies in bilingual/monolingual reading. *American Educational Research Journal, 32,* 67–97.

Jiménez, R. T., Garcia, G. E., & Pearson, P. D. (1996). The reading strategies of bilingual Latino students who are successful English readers: Opportunities and obstacles. *Reading Research Quarterly, 31,* 90–112.

Jitendra, A. K., Cole, C. L., Hoppes, M. K., & Wilson, B. (1998). Effects of a direct instruction main idea summarization program and self-monitoring on reading comprehension of middle school students with learning disabilities. *Reading and Writing Quarterly: Overcoming Learning Difficulties, 14*(4), 379–396.

Jitendra, A. K., Edwards, L. L., Sacks, G., & Jacobson, L. A. (2004). What research says about vocabulary instruction for students with learning disabilities. *Exceptional Children, 70*(3), 299–322.

Jitendra, A. K., Hoppes, M. K., & Xin, Y. P. (2000). Enhancing main idea comprehension for students with learning problems: The role of a summarization strategy and self-monitoring instruction. *Journal of Special Education, 34*(3), 127–139.

Jitendra, A. K., Nolet, V., Xin, Y. P., Gomez, O., Renouf, K., & Iskold, L. (2001). An analysis of middle school geography textbooks: Implications for students with learning problems. *Reading and Writing Quarterly, 17*, 151–173.

Johnson, D. D., Johnson, B. V. H., & Schlichting, K. (2004). Logology: Word and language play. In J. F. Baumann & E. J. Kame'enui (Eds.), *Vocabulary instruction: Research to practice* (pp. 179–200). New York: Guilford Press.

Johnson, D. W., & Johnson, R. T. (1989). Cooperative learning: What special educators need to know. *The Pointer, 33*, 5–10.

Johnson-Glenberg, M. C. (2000). Training reading comprehension in adequate decoders/poor comprehenders: Verbal versus visual strategies. *Journal of Educational Psychology, 92*(4), 772–782.

Kagan, S. (1991). *Cooperative learning*. San Diego: Kagan Cooperative Learning.

Kaiser, E. (1997). Story retelling: Linking assessment to the teaching–learning cycle. *Weaving Authentic Assessment into the Tapestry of Learning, 2*(1). Retrieved June 29, 2006, from http://ccvi.wceruw.org/ccvi/zz-pubs/newsletters/winter1997_weavingauthenticassessment/Story_Retelling_V2_No1.html

Kamhi, A. G. (1997). Three perspectives on comprehension: Implications for assessing and treating comprehension problems. *Topics in Language Disorders, 17*(3), 62–74.

Kamil, M. L. (2004). Vocabulary and comprehension instruction: Summary and implications of the National Reading Panel Findings. In P. McCardle & V. Chhabra (Eds.), *The voice of evidence in reading research* (pp. 213–234). Baltimore: Brookes.

Kaufman, A., & Kaufman, N. (1998). *Kaufman Test of Educational Achievment* (K-TEA-R/NU). Circle Pines, MN: American Guidance Service.

Keene, E. O., & Zimmermann, S. (1997). *Mosaic of thought: Teaching comprehension in a reader's workshop*. Portsmouth, NH: Heinemann.

Kim, A., Vaughn, S., Klingner, J. K., Woodruff, A. L., Klein, C., & Kouzekanani, K. (2006). Improving the reading comprehension of middle school students with disabilities through computer-assisted collaborative strategic reading (CACSR). *Remedial and Special Education, 27*, 235–248.

King, C. M., & Parent Johnson, L. M. (1999). Constructing meaning via reciprocal teaching. *Reading Research and Instruction, 38*(3), 169–186.

King-Sears, M. E. (1994). *Curriculum-based assessment in special education*. San Diego: Singular.

Kintsch, W., & Greene, E. (1978). The role of culture-specific schemata in the comprehension and recall of stories. *Discourse Processes, 1,* 1–13.

Klingner, J. K. (2004). Assessing reading comprehension. *Assessment for Effective Instruction* (formerly *Diagnostique*), *29*(4), 59–70.

Klingner, J. K., Sturges, K., & Harry, B. (2003). Conducting ethnographic classroom observations of literacy instruction. In S. Vaughn & K. Briggs (Eds.), *Reading in the classroom: Systems for observing teaching and learning.* Baltimore: Brookes.

Klingner, J. K., & Vaughn, S. (1996). Reciprocal teaching of reading comprehension strategies for students with learning disabilities who use English as a second language. *Elementary School Journal, 96,* 275–293.

Klingner, J. K., & Vaughn, S. (1999). Promoting reading comprehension, content learning, and English acquisition through collaborative strategic reading (CSR). *The Reading Teacher, 52,* 738–747.

Klingner, J. K., & Vaughn, S. (2000). The helping behaviors of fifth-graders while using collaborative strategic reading (CSR) during ESL content classes. *TESOL Quarterly, 34,* 69–98.

Klingner, J. K., Vaughn, S., Argüelles, M. E., Hughes, M. T., & Ahwee, S. (2004). Collaborative strategic reading: "Real world" lessons from classroom teachers. *Remedial and Special Education, 25,* 291–302.

Klingner, J. K., Vaughn, S., Dimino, J., Schumm, J. S., & Bryant, D. (2001). *Collaborative strategic reading: Strategies for improving comprehension.* Longmont, CO: Sopris West.

Klingner, J. K., Vaughn, S., & Schumm, J. S. (1998). Collaborative strategic reading during social studies in heterogeneous fourth-grade classrooms. *Elementary School Journal, 99,* 3–21.

Kukan, L., & Beck, I. L. (1997). Thinking aloud and reading comprehension research: Inquiry, instruction, and social interaction. *Review of Educational Research, 67,* 271–299.

Lee, S., Basu, S., Tyler, C. W., & Wei, I. W. (2004). Ciliate populations as bio-indicators at a Deer Island treatment plant. *Advances in Environmental Research, 8*(3–4), 371–378.

Lipson, M. Y., Mosenthal, J. H., & Mekkelsen, J. (1999). The nature of comprehension among grade 2 children: Variability in retellings as a function of development, text, and task. In T. Shanahan & F. Rodriguez-Brown (Ed.), *National reading conference yearbook 48.* Chicago: National Reading Conference.

Lloyd, J., Cullinan, D., Heins, E. D., & Epstein, M. H. (1980). Direct instruction: Effects on oral and written language comprehension. *Learning Disability Quarterly, 3,* 70–77.

Lorio, N. (2006). Up in smoke. *Time Magazine for Kids, 11*(22). Available at *www.timeforkids.com/TFK/magazines/story/0,6277,1177200,00.html.*

Lysynchuk, L. M., Pressley, M., & Vye, N. J. (1990). Reciprocal teaching improves standardized reading-comprehension performance in poor comprehenders. *Elementary School Journal, 90*(5), 469–484.

MacArthur, C. A., Graham, S., Schwartz, S. S., & Schafer, W. (1995). Evaluation of a writing instruction model that integrated a process approach, strategy instruction, and word processing. *Learning Disability Quarterly, 18,* 278–291.

MacArthur, C. A., Schwartz, S. S., & Graham, S. (1991). Effects of a reciprocal peer revision strategy in special education classrooms. *Learning Disabilities Research and Practice, 12*, 16–28.

MacGinitie, W. H., MacGinitie, R. K., Maria, K., & Dreyer, L. G. (2000). *Gates–MacGinitie Reading Tests—Fourth Edition*. Itasca, IL: Riverside.

Malone, L. D., & Mastropieri, M. (1992). Reading comprehension instruction: Summarization and self-monitoring training for students with learning disabilities. *Exceptional Children, 58*(3), 270–279.

Mandler, J. M., & DeForest, M. (1979). Is there more than one way to recall a story? *Child Development, 50*, 886–889.

Mandler, J. M., & Johnson, N. S. (1977). Remembrance of things parsed: Story structure and recall. *Cognitive Psychology, 9*, 111–151.

Manzo, A. V. (1968). *Improving reading comprehension through reciprocal questioning*. Unpublished doctoral dissertation, Syracuse University, Syracuse, NY.

Manzo, A. V., & Manzo, U. C. (1993). *Literacy disorders: Holistic diagnosis and remediation*. Fort Worth, TX: Harcourt Brace Jovanovich.

Markman, E. M. (1985). Comprehension monitoring: Developmental and educational issues. In S. F. Chapman, J. W. Segal, & R. Glaser (Eds.), *Thinking and learning skills: Research and open questions* (pp. 275–291). Mahwah, NJ: Erlbaum.

Marston, D., & Magnusson, D. (1985). Implementing curriculum-based measurement in special and regular education settings. *Exceptional Children, 52*, 266–276.

Marston, D., Deno, S. L., Kim, D., Diment, K., & Rogers, D. (1995). Comparison of reading intervention approaches for students with mild disabilities. *Exceptional Children, 62*, 20–37.

Mastropieri, M. A., & Scruggs, T. E. (1997). Best practices in promoting reading comprehension in students with learning disabilities: 1976 to 1996. *Remedial and Special Education, 18*(4), 197–214.

Mastropieri, M. A., & Scruggs, T. E. (1998). Enhancing school success with mnemonic strategies. *Intervention in School and Clinic, 33*(4), 201–208.

Mastropieri, M. A., Scruggs, T. E., Bakken, J. P., & Whedon, C. (1996). Reading comprehension: A synthesis of research in learning disabilities. In T. E. Scruggs & M. A. Mastropieri (Eds.), *Advances in learning and behavioral disabilities* (pp. 277–303). Greenwich, CT: JAI Press.

McCabe, A. (1995). *Chameleon readers: Teaching children to appreciate all kinds of good stories*. New York: McGraw-Hill.

McClure, E., Mason, J., & Williams, J. (1983). Sociocultural variables in children's sequence of stories. *Discourse Processes, 6*, 131–143.

McCormick, S. (1999). *Instructing students who have literacy problems* (3rd ed.). Upper Saddle River, NJ: Merrill.

McGee, L. M., & Richgels, D. J. (1985). Teaching expository text structure to elementary students. *The Reading Teacher, 38*, 739–748.

McIntosh, R., Vaughn, S., Schumm, J., Haager, D., & Lee, O. (1993). Observations of students with learning disabilities in general education classrooms. *Exceptional Children, 60*(3), 249–261.

McKeown, M. G., & Beck, I. L. (2004). Transforming knowledge into professional development resources: Six teachers implement a model of teaching for understanding text. *Elementary School Journal, 104,* 391–408.

McKeown, M. G., Beck, I. L., Omanson, R. C., & Pople, M. T. (1985). Some effects of the nature and frequency of vocabulary instruction on the knowledge of use of words. *Reading Research Quarterly, 20*(5), 522–535.

Meyer, B. J. F. (1984). Text dimensions and cognitive processing. In H. Mandl, N. Stein, & T. Trabasso (Eds.), *Learning and understanding texts* (pp. 3–47). Hillsdale, NJ: Erlbaum.

Meyer, B. J. F. (2003). Text coherence and readability. *Topics in Language Disorders, 23*(3), 204–224.

Meyer, B., Brandt, D., & Bluth, G. (1980). Use of top-level structure in text: Key for reading comprehension of ninth-grade students. *Reading Research Quarterly, 16,* 72–103.

Michaels, S. (1981). "Sharing time": Children's narrative styles and differential access to literacy. *Language in Society, 10,* 423–442.

Mokhtari, K., & Reichard, C. A. (2002). Assessing students' metacognitive awareness of reading strategies. *Journal of Educational Psychology, 94,* 249–259.

Monti, D., & Ciccheti, G. (1996). *TARA: Think aloud reading assessment.* Austin, TX: Steck-Vaughn Berrent.

Morrow, L. M. (1986). Effects of structural guidance in story retelling on children's dictation of original stories. *Journal of Reading Behavior, 18,* 135–152.

National Institute of Child Health and Human Development (NICHD). (2000). *Report of the National Reading Panel. Teaching children to read: An evidence-based assessment of the scientific research literature on reading and its implications for reading instruction: Reports of the sub-groups.* Available at *www.nichd.nig.gov/publications/nrp/report.htm.*

Nelson, J. R., Smith, D. J., & Dodd, J. M. (1992). The effects of teaching a summary skills strategy to students identified as learning disabled on their comprehension of science text. *Education and Treatment of Children, 15*(3), 228–243.

Newcomer, P. (1999). *Standardized Reading Inventory—2nd Edition (SRI–2).* Austin, TX: PRO-ED.

Newman, G. (2001–2002). Comprehension strategy gloves. *The Reading Teacher, 55,* 329–332.

Norton, M. (1959). *The borrowers afloat.* Orlando, FL: Harcourt.

O'Connor, R. E., & Jenkins, J. R. (1995). Improving the generalization of sound–symbol knowledge: Teaching spelling to kindergarten children with disabilities. *Journal of Special Education, 29,* 255–275.

O'Shea, L. J., Sindelar, P. T., & O'Shea, D. J. (1987). The effects of repeated readings and attentional cues on the reading fluency and comprehension of learning disabled readers. *Learning Disabilities Research, 2,* 103–109.

Ogle, D. M. (1986). K-W-L: A teaching model that develops active reading of expository text. *The Reading Teacher, 39,* 564–570.

Ogle, D. M. (1989). The know, want to know, learn strategy. In K. D. Muth (Ed.), *Children's comprehension of text: Research to practice* (pp. 205–233). Newark, DE: International Reading Association.

Ohlhausen, M. M., & Roller, C. M. (1988). The operation of text structure and content schemata in isolation and in interaction. *Reading Research Quarterly, 23,* 70–88.

Ortiz, A. A., & Wilkinson, C. Y. (1991). Assessment and intervention model for the bilingual exceptional student (AIM for the BESt). *Teacher Education and Special Education, 14,* 35–42.

Overton, T. (2003). *Assessing learners with special needs: An applied approach* (4th Edition). Upper Saddle River, NJ: Merrill.

Palincsar, A. S. (1986). The role of dialogue in providing scaffolded instruction. *Educational Psychologist, 21,* 73–98.

Palincsar, A. S., & Brown, A. L. (1984). The reciprocal teaching of comprehension-fostering and comprehension-monitoring activities. *Cognition and Instruction, 1,* 117–175.

Palincsar, A. S., & Brown, A. L. (1989). Classroom dialogues to promote self-regulated comprehension. In J. E. Brophy (Ed.), *Advances in Research on Teaching* (Vol. 1, pp. 35–71). Greenwich, CT: JAI Press.

Palincsar, A. S., Brown, A. L., & Martin, S. M. (1987). Peer interaction in reading comprehension instruction. *Educational Psychologist, 22,* 231–253.

Paris, A. H., & Paris, S. G. (2003). Assessing narrative comprehension in young children. *Reading Research Quarterly, 38,* 36–76.

Paris, S. G., & Oka, E. R. (1986). Children's reading strategies, metacognition, and motivation. *Developmental Review, 6,* 25–56.

Paris, S. G., Lipson, M. Y., & Wixson, K. K. (1983). Becoming a strategic reader. *Contemporary Educational Psychology, 8*(3), 293–316.

Paris, S. G., Wasik, B. A., & Turner, J. C. (1991). The development of strategic readers. In R. Barr, M. L. Kamil, P. B. Mosenthal, & P. D. Pearson (Eds.), *Handbook of reading research* (Vol. 2, pp. 609–640). New York: Longman.

Pearson, P. D., & Dole, J. A. (1987). Explicit comprehension instruction: A review of research and a new conceptualization of instruction. *Elementary School Journal, 88,* 151–165.

Pearson, P. D., & Fielding, L. (1991). Comprehension instruction. In R. Barr, M. L. Kamil, P. Mosenthal, & P. D. Pearson (Eds.), *Handbook of reading research* (Vol. 2, pp. 815–860). New York: Longman.

Perez, B. (1998). *Sociocultural contexts of language and literacy.* Mahwah, NJ: Erlbaum.

Perfetti, C. A. (1985). *Reading ability.* New York: Oxford University Press.

Perfetti, C. A., & Lesgold, A. M. (1977). Discourse comprehension and sources of individual differences. In P. A. Carpenter & M. A. Just (Eds.), *Cognitive processes in comprehension* (pp. 141–183). Hillsdale, NJ: Erlbaum.

Pike, K., & Salend, S. J. (1995). Authentic assessment strategies. *Teaching Exceptional Children, 28,* 15–20.

Polloway, E., Epstein, M., Polloway, C., Patton, J., & Ball, D. (1986). Corrective reading program: An analysis of effectiveness with learning disabled and mentally retarded students. *Remedial and Special Education, 7,* 41–47.

Pressley, M. (1998). Reading instruction that works: The case for balanced teaching. New York: Guilford Press.

Pressley, M. (2000). Comprehension instruction in elementary school: A quarter-century of research progress. In M. M. Taylor, M. F. Graves, & P. Can Den Broek (Eds.), *Reading for meaning: Fostering comprehension in middle grades* (pp. 32–51). New York: Teachers College Press.

Pressley, M. (2000). What should comprehension instruction be the instruction of? In M. Kamil, P. Mosenthal, P. Pearson, & R. Barr (Eds.), *Handbook of reading research* (Vol. 3, pp. 545–561). Mahwah, NJ: Erlbaum.

Pressley, M., & Afflerbach, P. (1995). *Verbal protocols of reading: The nature of constructively responsive reading.* Hillsdale, NJ: Erlbaum.

Pressley, M., Brown, R., El-Dinary, P. B., & Afflerbach, P. (1995). The comprehension instruction that students need: Instruction fostering constructively responsive reading. *Learning Disabilities Research and Practice, 10,* 215–224.

Pressley, M., & El-Dinary, P. B. (1997). What we know about translating comprehension-strategies instruction research into practice. *Journal of Learning Disabilities, 30,* 486–488.

Pressley, M., El-Dinary, P. B., Gaskins, I., Schuder, T., Bergman, J., Almasi, J., et al. (1992). Beyond direct explanation: Transactional instruction of reading comprehension strategies. *Elementary School Journal, 92*(5), 513–555.

Pressley, M., Gaskins, I., Cunicelli, E. A., Burdick, N. J., Schaub-Matt, M., Lee, D. S., et al. (1991). Strategy instruction at Benchmark School: A faculty interview study. *Learning Disability Quarterly, 14,* 19–48.

Pressley, M., & Hilden, K. R. (2006). Cognitive strategies: Production deficiencies and successful strategy instruction everywhere. In D. Kuhn & R. Siegler (Eds.) (W. Damon & R. Lerner, Series Editors), *Handbook of child psychology, Vol. 2. Cognition, perception, and language* (6th ed., pp. 511–556). Hoboken NJ: Wiley.

Pressley, M., Hogan, K., Wharton-McDonald, R., & Mistretta, J. (1996). The challenges of instructional scaffolding: The challenges of instruction that supports student thinking. *Learning Disabilities Research and Practice, 11,* 138–146.

Pressley, M., Schuder, T., SAIL faculty and administration, Bergman, J. L., & El-Dinary, P. B. (1992). A researcher–educator collaborative interview study of transactional comprehension strategies instruction. *Journal of Educational Psychology, 84,* 231–246.

Pressley, M., Wood, E., Woloshyn, V.E., Marting, V., King, A., Menke, D. (1992). Encouraging mindful use of prior knowledge: Attempting to construct explanatory answers facilitates learning. *Educational Psychologist, 27,* 91–110.

Quezada, Y., Williams, E., & Flores, V. (2006). Inspiration outline of basic stages of reciprocal teaching. Retrieved March 16, 2006, from *http://condor.admin.ccny.cuny.edu/~yq6048/basic1.jpg*

Rabren, K., Darch, C., & Eaves, R. C. (1999). The differential effects of two systematic reading comprehension approaches with students with learning disabilities. *Journal of Learning Disabilities, 32*(1), 36–47.

RAND Reading Study Group. (2002). *Reading for understanding: Towards an R&D program in reading comprehension.* Retrieved March 3, 2006, from *www.rand.org/multi/achievement-forall/reading/readreport.html*

Raphael, T. (1986). Teaching question-and-answer relationships revisited. *The Reading Teacher, 37,* 377–382.

Raphael, T. E. (1986). Teaching question answer relationships, revisited. *The Reading Teacher, 39,* 516–522.

Rathvon, N. (2004). *Early reading assessment: A practitioner's handbook.* New York: Guilford Press.

Readence, J. E., Bean. T. W., & Baldwin, R. S. (1998). *Content area literacy: An integrated approach* (5th ed.). Dubuque, IA: Kendall/Hunt.

Reid, D. K., Hresko, P. W., & Hammill, D. D. (2001). *Test of Early Reading Ability—Third Edition.* Circle Pines, MN: AGS.

Richgels, D. J., McGee, L. M., & Slaton, E. A. (1989). Teaching expository text structure in reading and writing. In K. D. Muth (Ed.), *Children's comprehension of text* (pp. 167–184). Newark, DE: International Reading Association.

Riverside Publishing. (1994). *Riverside—Performance Assessment Series* (R-PAS). Itasca, IL: Author.

Riverside Publishing. (2005). *Batería III Woodcock–Muñoz: Pruebas de Aprovechamiento, Revisada.* Itasca, IL: Author.

Rogoff, B., & Gardner, W. P. (1984). Adult guidance of cognitive development. In B. Rogoff & J. Lave (Eds.), *Everyday cognition: Its development in social context* (pp. 95–116). Cambridge, MA: Harvard University Press.

Roller, C. (1996). *Variability not disability: Struggling readers in a workshop classroom.* Newark, DE: International Reading Association.

Rosenblatt, L. M. (1978). *The reader, the text, the poem: The transactional theory of the literary work.* Carbondale: Southern Illinois University Press.

Rosenblatt, L. M. (1983). *Literature as exploration* (4th ed.). New York: Modern Language Association of America.

Rosenshine, B., & Meister, C. (1994). Reciprocal teaching: A review of the research. *Review of Educational Research, 64,* 479–530.

Roth, F. P., & Speckman, N. J. (1986). Narrative discourse: Spontaneously generated stories of learning-disabled and normally achieving students. *Journal of Speech–Language–Hearing Pathology, 51,* 8–23.

Rowe, M. B. (1986). Wait time: Slowing down may be a way of speeding up! *Journal of Teacher Education, 37(1),* 43–50.

Salvia, J., & Ysseldyke, J. E. (2001). *Assessment* (8th ed.). Boston: Houghton Mifflin.

Sarroub, L., & Pearson, P. D. (1998). Two steps forward, three steps back: The stormy history of reading comprehension assessment. *Clearing House, 72,* 97–106.

Saskatchewan Learning. (2002). *English language arts: A curriculum guide for the elementary level.* Retrieved June 29, 2006, from *www.sasked.gov.sk.ca/docs/ela/assessment/p120.html*

Schumaker, J. B., Denton, P. H., & Deshler, D. D. (1984). *The paraphrasing strategy.* Lawrence, KA: University of Kansas.

Schumaker, J., Deshler, D., Alley, G., Warner, M., & Denton, P. (1984). Multipass: A learning strategy for improving reading comprehension. *Learning Disability Quarterly, 5,* 295–304.

Schumm, J. S., Moody, S. W., & Vaughn, S. R. (2000). Grouping for reading instruction: Does one size fit all? *Journal of Learning Disabilities, 33,* 477–488.

Scott, J. A., & Nagy, W. E. (2004). Developing word consciousness. In J. F. Baumann & E. J. Kame'enui (Eds.), *Vocabulary instruction: Research to practice* (pp. 201–217). New York: Guilford Press.

Seymour, J. R., & Osana, H. P. (2003). Reciprocal teaching procedures and principles: Two teachers' developing understanding. *Teaching and Teacher Education, 19,* 325–344.

Shannon, P., Kame'enui, E. J., & Baumann, J. F. (1988). An investigation of children's ability to comprehend character motives. *American Educational Research Journal. 25*(3), 441–462.

Shinn, M. R., & Bamonto, S. (1998). Advanced applications of curriculum-based measurement: "Big ideas" and avoiding confusion. In M. R. Shinn (Ed.), *Advanced applications of curriculum-based measurement* (pp. 1–31). New York: Guilford Press.

Simmons, D. C., & Kame'enui, E. (1998). *What reading research tells us about children with diverse learning needs: Bases and basics.* Mahwah, NJ: Erlbaum.

Simmons, D. C., Kame'enui, E. J., & Darch, C. B. (1988). The effect of textual proximity on fourth- and fifth-grade LD students' metacognitive awareness and strategic comprehension behavior. *Learning Disability Quarterly, 11*(4), 380–395.

Snow, C. E. (2002). *Reading for understanding: Toward a research and development program in reading comprehension.* Pittsburgh: RAND.

Snyder, L., Caccamise, D., & Wise, B. (2005). The assessment of reading comprehension: Considerations and cautions. *Topics in Language Disorders, 25,* 33–50.

Staal, L. A. (2000). The story face: An adaptation of story mapping that incorporates visualization and discovery learning to enhance reading and writing. *The Reading Teacher, 54,* 26–31.

Stahl, R. J. (1994). *Using "think-time" and "wait-time" skillfully in the classroom.* Bloomington, IN: ERIC Clearninghouse for Social Studies and Social Science Education. Available at *www.atozteacherstuff.com/pages/1884.shtml*

Stahl, S. A. (1999). *Vocabulary development.* Cambridge, MA: Brookline Books.

Stahl, S. A., & Stahl, K. A. D. (2004). Word wizards all! Teaching word meanings in preschool and primary education. In J. F. Baumann & E. J. Kame'enui (Eds.), *Vocabulary instruction: Research to practice* (pp. 59–80). New York: Guilford Press.

Stauffer, R. G. (1969). *Teaching reading as a thinking process.* New York: Harper & Row.

Stein, C., & Goldman, J. (1980). Beginning reading instruction for children with minimal brain dysfunction. *Journal of Learning Disabilities, 13,* 219–222.

Stein, N. L., & Nezworski, T. (1978). The effects of organization and instructional set on story memory. *Discourse Processes, 1,* 177–193.

Susskind, E. (1979). Encouraging teachers to encourage children's curiousity: A pivotal competence. *Journal of Clinical and Child Psychology, 8,* 101–106.

Swanson, H. L. (1999). Reading research for students with LD: A meta-analysis of intervention outcomes. *Journal of Learning Disabilities, 32*(6), 504–532.

Swanson, H. L. (2001). Reading intervention research outcomes and students with LD: What are the major instructional ingredients for successful outcomes? *Perspectives, 27*(2), 18–20.

Swanson, H. L., Hoskyn, M., & Lee, C. (1999). *Interventions for students with learning disabilities: A meta-analysis of treatment outcome.* New York: Guilford Press.

Taylor, B. M. (1982). A summarizing strategy to improve middle grade students' reading and writing skills. *The Reading Teacher, 36,* 202–205.

Texas Education Agency and University of Texas Center for Reading and Language Arts (2001). *Texas second grade teacher reading academy.* Austin, TX: Author.

Torgesen, J. K., & Licht, B. (1983). The learning disabled child as an inactive learner: Restrospect and prospects. In J. D. McKinney & L. Feagans (Eds.), *Current topics in learning disabilities* (Vol. 1, pp. 3–32). Norwood, NJ: Ablex.

Valcke, M. (2002). Cognitive load: Updating the theory? *Learning and Instruction, 12,* 147–154.

Vaughn, S., & Linan-Thompson, S. (2004). *Research-based methods of reading instruction: Grades K–3.* Alexandria, VA: Association for Supervision and Curriculum Development.

Vaughn, S., Bos, C., & Schumm, J. S. (2007). *Teaching students who are exceptional, diverse, and at risk in the general education classroom* (4th ed.). Boston: Allyn & Bacon.

Vaughn, S., Chard, D., Bryant, D. P., Coleman, M., Tyler, B., Thompson, S., et al. (2000). Fluency and comprehension interventions for third-grade students: Two paths to improved fluency. *RASE: Remedial and Special Education, 21*(6), 325–335.

Vaughn, S., Gersten, R., & Chard, D. (2000). The underlying message in LD intervention research: Findings from research syntheses. *Exceptional Children, 67,* 99–114.

Vaughn, S., Moody, S., & Schumm, J. S. (1998). Broken promises: Reading instruction in the resource room. *Exceptional Children, 64,* 211–226.

Vellutino, F. R., & Scanlon, D. M. (1987). Phonological coding, phonological awareness, and reading ability: Evidence from a longitudinal and experimental study. *Merrill–Palmer Quarterly, 33,* 321–363.

Venable, G. P. (2003). Confronting complex text: Readability lessons from students with language learning disabilities. *Topics in Language Disorders, 23*(3), 225–240.

Vygotsky, L. S. (1978). *Mind in society.* Cambridge, MA: Harvard University Press.

Wade, S. E., Buxton, W. M., & Kelly, M. (1999). Using think-alouds to examine reader-text interest. *Reading Research Quarterly, 34,* 194–216.

Walsh, J. A., & Sattes, B. D. (2005). *Quality questioning: Research-based practice to engage every learner.* Thousand Oaks, CA: Corwin Press.

Ward, L., & Traweek, D. (1993). Application of a metacognitive strategy to assessment, intervention, and consultation: A think-aloud technique. *Journal of School Psychology, 31*(4), 469–485.

Weaver, C. A., III, & Kintsch, W. (1991). Expository text. In R. Barr, M. L. Kamil, P. Mosenthal, & P. D. Pearson (Eds.), *Handbook of reading research* (Vol. 2, pp. 230–244). White Plains, NY: Longman.

Whaley, J. F. (1981). Story grammars and reading instruction. *The Reading Teacher, 34,* 762–771.

White, T. G., Sowell, J., & Yanagihara, A. (1989). Teaching elementary students to use word-part clues. *The Reading Teacher, 42*, 302–309.

Whitney, P., & Budd, D. (1996). Think-aloud protocols and the study of comprehension. *Discourse Processes, 21*(3), 341–351.

Wiederholt, J. L., & Blalock, G. (2000). *Gray Silent Reading Tests (GSRT)*. Austin, TX: PRO-ED.

Wiederholt, J. L., & Bryant, B. R. (1991). *Gray Oral Reading Test—Fourth Edition* (GORT-D-4). Austin, TX: PRO-ED.

Wiederholt, J. L., & Bryant, B. R. (2001). *Gray Oral Reading Test—4th Edition* (GORT-4). Austin, TX: PRO-ED.

Williams, J. P. (1988). Identifying main ideas: A basic aspect of reading comprehension. *Topics in Language Disorders, 8*(3), 1–13.

Williams, J. P. (1993). Comprehension of students with and without learning disabilities: Identification of narrative themes and idiosyncratic text representations. *Journal of Educational Psychology, 85*, 631–641.

Williams, J. P. (1998). Improving the comprehension of disabled readers. *Annals of Dyslexia, 48*, 213–238.

Williams, J. P. (2000). *Strategic processing of text: Improving reading comprehension for students with learning disabilities* (Report No. EDO-EC-00-8). Reston, VA: Council for Exceptional Children. (ERIC Document Reproduction Service No. ED 449596)

Williams, J. P. (2005). Instruction in reading comprehension for primary-grade students: A focus on text structure. *Journal of Special Education, 39*, 6–18.

Williams, J. P., Hall, K. M., & Lauer, K. D. (2004). Teaching expository text structure to young at-risk learners: Building the basics of comprehension instruction. *Exceptionality, 12*(3), 129–144.

Williams, K. T. (2001). *Group Reading Assessment and Diagnostic Evaluation* (GRADE). Circle Pines, MN: American Guidance Service.

Wong, B. Y. L., & Jones, W. (1982). Increasing metacomprehension in learning disabled and normally achieving students through self-questioning training. *Learning Disability Quarterly, 5*, 228–240.

Wood, E., Pressley, M., & Winne, P. H. (1990). Elaborative interrogation effects on children's learning of factual content. *Journal of Educational Psychology, 82*, 741–748.

Wood, P., Bruner, J., & Ross, G. (1976). The role of tutoring in problem solving. *Journal of Child Psychology and Psychiatry, 17*, 89–100.

Woodcock, R. W. (1998). *Woodcock Reading Mastery Test*. Circle Pines, MN: American Guidance Service.

Woods, L. M., & Moe, A. (1999). *Analytical Reading Inventory—Sixth Edition*. Columbus, OH: Merrill Education.

Wright, J. (2006). *Curriculum-based measurement: A manual for teachers*. Retrieved July 1, 2006, from *www.interventioncentral.org/download.php*

國家圖書館出版品預行編目（CIP）資料

學習困難學生閱讀理解概論／Janette K. Klingner, Sharon Vaughn,
Alison Boardman 著；邱瓊慧譯. -- 初版. -- 新北市：心理，2015.11
面；　公分. --（障礙教育系列；63134）
譯自：Teaching reading comprehension to students with learning
difficulties

ISBN 978-986-191-695-8（平裝）

1.閱讀障礙　2.特殊教育

529.69　　　　　　　　　　　　　　　　　　　　104024429

障礙教育系列 63134

學習困難學生閱讀理解概論

作　　者：Janette K. Klingner, Sharon Vaughn, & Alison Boardman
譯　　者：邱瓊慧
執行編輯：陳文玲
總 編 輯：林敬堯
發 行 人：洪有義
出 版 者：心理出版社股份有限公司
地　　址：231 新北市新店區光明街 288 號 7 樓
電　　話：(02) 29150566
傳　　真：(02) 29152928
郵撥帳號：19293172　心理出版社股份有限公司
網　　址：http://www.psy.com.tw
電子信箱：psychoco@ms15.hinet.net
駐美代表：Lisa Wu（lisawu99@optonline.net）
排 版 者：臻圓打字印刷有限公司
印 刷 者：正恒實業有限公司
初版一刷：2015 年 11 月
I S B N：978-986-191-695-8
定　　價：新台幣 250 元